信長はなぜ葬られたのか／目次

はじめに

本能寺の変、二つの真相

織田信長には昔から興味があった。革新的な施策を次々と打ち出した半面、比叡山《ひえいざん》の焼き討《う》ちや一向一揆の皆殺しを行なう残虐《ざんぎゃく》性も持っている。

なぜそんな生き方をしたのか、いつか彼の小説を書いて突き止めたいと思っていた。

そんな時、一冊の本と出会った。立花京子さんの『信長権力と朝廷』（岩田書院）である。信長と朝廷の交渉経過をたんねんに追い、両者の対立を浮き彫りにした画期的な仕事だった。

それまで天皇と信長の間に軋轢《あつれき》はなかったというのが一般的な解釈だった。ところが立花さんは三職推任《すいにん》（関白《かんぱく》、太政大臣《だいじょうだいじん》、将軍のいずれかに任じること）についての信長文書の解読の誤りを正し、両者の間に緊迫したやり取りがあったことを明らかにされた。

これを読んで目からウロコが落ちた。日本史では天皇や公家《くげ》、寺社は政治とは関係がなかったかのように説くことが多いが、これは大きな誤りである。公家も寺社も荘園《しょうえん》領主や座の本所として大きな経済力を持っていたし、天皇は征夷大将軍《せいいたいしょうぐん》をはじめとする官位を武家に与える権限を持っていた。

こうしたことを踏まえて武家と朝廷の関係を正しくとらえなければ、日本史の真実は分からない。ずっとそう思っていたので、立花さんの研究に触発《しょくはつ》されて本能寺の変に取り組むことにした。

公家側の代表選手は、五摂家《ごせつけ》筆頭の近衛前久《このえさきひさ》である。しかし前久と公家社会を理解しないと、信長との対立をリアリティー豊かに描くことはできない。そこで前久を主人公とした「戦国守礼録」（文庫本『戦国秘譚 神々に告ぐ』）を書くことにした。

この連載を無事に終え、平成十一年七月から日経新聞紙上で「信長燃ゆ」に挑戦することになったのだった。

信長とポルトガル、そしてスペイン

「信長燃ゆ」の連載は一年半におよんだ。およそ原稿用紙千二百枚。上下巻の単行本が発行されたのは、平成十三年九月のことである。

私は大仕事を無事に終えた安堵《あんど》にひたり、自分をねぎらうつもりでベトナムへの旅に出た。次の作品のための取材をかねてホーチミン市に滞在していると、担当編集者が上下で三万部の増刷が決まったと知らせてくれた。

評判も上々だという。これでベストセラーになるだろうと思い、ホテルのバーで一人で祝杯をあげたが、売り上げは期待したほど伸びなかった。この作品の質と仕上がりには今でも自信を持っているが、文学賞の候補になることもなかった。

思うに、時代に早すぎたのである。

後に、加藤廣《ひろし》氏の『信長の棺』や遺友山本兼一の『信長死すべし』など、本能寺の変をあつかった小説にはほとんど近衛前久が登場し、信長と朝廷の軋轢が変の原因だと語られるようになったが、私の本が出た十七年前にはそこまで理解が進んでいなかった。そのために一般の読者には、荒唐無稽《こうとうむけい》な絵空事のように受け取られたのである。

それゆえ私はなおもこの事件にこだわり、変の背後には国内的な問題だけでなく、国際政治の対立があることを突き止めた。信長はイエズス会を通じてポルトガルと友好関係をきずき、南蛮貿易による利益や軍事技術の供与を得ていたが、ポルトガルは一五八〇年にスペインに併合された。

そこで信長はスペインとの新たな外交関係をきずく必要に迫られ、イエズス会東アジア巡察師のアレッシャンドロ・ヴァリニャーノと一五八一年二月から七月まで交渉をつづけたが、合意には到《いた》らなかったのである。

イエズス会との断絶

信長とヴァリニャーノとの間でどのような交渉が行なわれたのか、記録した資料は発見されていない。

分かっているのは天正九年（一五八一）七月十五日の盂蘭盆《うらぼん》の日に、信長がヴァリニャーノのために安土《あづち》城に提灯《ちょうちん》を下げて美しく飾り立て、ローマ法王への献上品として安土城を描いた屛風《びょうぶ》絵を託したことだ。

いかにも友好的な送別のように見えるが、二人の交渉は決裂していた。なぜそれが分かるかと言えば、信長がこれ以後イエズス会と手を切り、自分を神として安土城内の摠《そう》見寺《けんじ》に祭らせ、家臣や領民に参拝するように求めているからだ。

これに対してルイス・フロイスは『日本史』の中で激烈な調子で非難している。人間が神だと名乗ることは、彼らキリスト教徒にとって絶対に許せないことだし、この時点で信長との関係が断絶したことを示している。

信長がこんな行動に出たのも、自分を神として祭ることで、イエズス会と手を切ったことを天下に示し、自分に従うなら摠見寺に参拝してキリスト教とは手を切ったことを証明せよと迫ったのだ。江戸時代に行なわれた踏み絵と同じである。

イエズス会との断絶はスペインとの断交を意味している。五カ月にも及ぶ交渉でも合意できなかったのは、スペインが明《みん》国征服のための兵を出すように求めたからだと思われる。日本にはそれを示す資料は残っていないが、ヴァリニャーノがマニラ在住のスペイン総督にあてた手紙を読めば、そうとしか考えられない。

イエズス会とスペインを敵に回したために、信長政権はとたんに不安定化した。キリシタン大名や南蛮貿易で巨万の富を得ていた豪商たちが、信長を見限りはじめたからである。

中国大返しと日本のゴッドファーザー

この情勢を見てチャンス到来と思ったのは、備後《びんご》の鞆《とも》の浦にいた足利義昭《あしかがよしあき》だった。彼は京都から追放された後も、毛利輝元《もうりてるもと》を副将軍に任じ、瀬戸内海航路の要地である鞆に幕府を開いて、将軍としての威勢を保っていた。

信長政権が弱体化したのを見た義昭は、朝廷や幕府ゆかりの大名たちに檄《げき》を飛ばし、幕府再興のために兵を挙げるように求めた。これに応じたのが義昭の従兄《いと》弟《こ》で義兄弟にあたる近衛前久であり、前久の工作によって明智光秀が本能寺の変を起こしたのである。

と、そこまでは『信長燃ゆ』を書いた時に察していたが、変の背後にもうひとつの勢力がうごめいていたことまでは理解していなかった。それはイエズス会に忠誠を誓ったキリシタン勢力である。

カトリックでは洗礼を受ける時に、洗礼をさずけた先達《せんだつ》には服従すると誓約する。この先達を洗礼親《ゴッドファーザー》といい、映画『ゴッドファーザー』ではこうした関係を基礎《きそ》としてマフィヤが勢力を伸ばしていく様《さま》が描かれていた。

大航海時代のイエズス会は、この関係を軍事組織を作り上げるための手段として用いた。洗礼を受けた信者を中核として強固な軍事組織を作り上げ、時には政権の転覆《てんぷく》さえ行なったのである。

この当時、日本には三十万人のキリシタンがいたと言われている。その五分の一が成人男子だとしても、六万人の軍勢を集めることができる。こうした力を持つ日本のゴッドファーザーは、高山右近《うこん》、中川清秀《きよひで》、黒田官兵衛らであった。

そして彼らはイエズス会と協力し、信長が光秀に討たれた直後に決起し、光秀を討つことで羽柴《はしば》秀吉に天下を取らせる計略を立てた。秀吉の中国大返しは、こうして実現したのである。

戦国時代は大航海時代だった

黒田官兵衛は熱心なキリシタンだった。『黒田家譜』では触れていないが、ルイス・フロイスの『日本史11』（中公文庫）には、彼が死の直前まで信仰を保ち、「自分はキリシタンとして死にたい」と言ってロザリオを胸の上に置いてくれるように頼んだと記されている。

官兵衛が本能寺の変に乗じて秀吉に天下を取らせることができたのも、関ヶ原合戦の時に豊後《ぶんご》で独自の軍勢を編成できたのも、キリシタン勢力を動かせる立場にいたからである。

ところが江戸時代にキリシタン弾圧を行ない、こうした史実を消し去ってしまったために、官兵衛の本当の姿が見えなくなってしまった。

弊害《へいがい》はこればかりではない。江戸時代の史観によって戦国時代史を語っているために、本当のことがほとんど分からなくなっている。その史観の中核を成しているのは、鎖国史観、士農工商の身分差別史観、農本主義史観、儒教史観である。

それゆえ戦国時代も国内だけの視野で語り、商人や流通業者の活躍には目を向けていない。しかし戦国時代は世界の大航海時代であり、日本人が初めて西洋世界と出会い、彼らへの対応を迫られた時代だった。

石見《いわみ》銀山や生野《いくの》銀山の銀が輸出され、その見返りに明国や東南アジアの品々が大量に輸入された。その交易から上がる利益は莫大《ばくだい》で、商人と流通業者が経済の主導権を握っていた。そのことは堺《さかい》や博多の豪商たちの経済力を見れば明らかである。

大名たちも商人の意向を無視することはできなかったし、交易のためには相手国との外交が欠かせなかった。信長がいち早く堺を直轄《ちょっかつ》領にしたのも、イエズス会を保護してポルトガルと友好関係をきずいたのもそのためである。

火薬や鉛玉の調達が生命線

戦国時代は交易、外交、流通の時代であり、日本はシルバーラッシュに沸《わ》き、空前の高度経済成長をなし遂げていた。

その象徴が絢爛豪華《けんらんごうか》な安土桃山文化であり、巨大な城の建築ラッシュである。こうした活気が日本人に壮大な夢を抱《いだ》かせ、朝鮮出兵の失敗につながった。

江戸幕府は秀吉政権の失敗の反省を踏まえ、戦国時代とは真逆《まぎゃく》の国家体制を作り上げ、それを守るために都合のいい史観を国民に押し付けた。その誤りは明治維新後も正されることなく、今日までつづいている。

それがどれほど間違ったことかを示すために、私は火縄銃を例にあげて話すことが多い。戦国時代は一五四三年の鉄砲伝来によって幕を開け、信長は鉄砲の大量使用によって天下を取ったとは歴史教科書にも記されているが、火薬や鉛弾はどうしたのかという視点がそっくり抜け落ちている。

黒色火薬の原料は木炭、硫黄、硝石《しょうせき》だが、硝石は日本では産出しない。また鉛も国内産では需要に追いつかないので、ほとんど輸入に頼っていた。

しかも問題はそればかりではない。鉄砲の砲身の内側に使う軟鋼《なんこう》や、引金などのカラクリ部分に使う真鍮《しんちゅう》（銅と亜鉛の合金）を作る技術は当時の日本にはなく、東南アジアからの輸入に頼っていた。

このあたりの事情については、『火縄銃の伝来と技術』（吉川弘文館）に明確に記されている。私もこうした認識を踏まえていくつかの小説を書いたが、残念ながら読者の反応は鈍かった。古い歴史観が真実だと思い込んでいる多くの方々には、私の作品は異端のように感じられたらしい。

どうしたらこの壁を乗り越えることができるのか。考え抜いた末に、戦国時代の絵師を描けばいいという結論に至った。それが拙著『等伯』（文春文庫）である。

なぜ絵師なのか？　理由は彼らの作品が現代に残っていることだ。読者の方々に小説のサブテキストとしてその絵を見ていただけば、私の主張が正しいかどうかすぐに分かる。

たとえば岩絵具の原料であるラピスラズリや孔雀石《くじやく》は輸入しなければ手に入らないのだから、いかに海外との交易が盛んだったか、金碧障壁画などを見れば一目瞭然なのである。

幸いこの作品で第一四八回直木賞をいただき、私の戦国史観の理解者は徐々に増えつつあるが、一般の方々まで浸透するのはなかなか難しいのが現状である。

何とかこの壁を打破する方法はないか。そう考えていた時、旧知の編集者から本書をまとめないかというお誘いをいただいた。

かなり前のものもあるので、出版に踏み切るのはためらったが、お陰さまでこうして一冊にまとめていただいた。

その内容の是非《ぜひ》について、ご一読の上でご賢察いただければ幸いである。

第一章 消えた信長の骨

秀吉は信長を見殺しにしたのか

殺気をはらむ信長像

本能寺の変で自刃《じじん》した織田信長の遺体は、ついに発見されなかったというのが定説のように喧伝《けんでん》されているし、そう思っておられる方も多いのではないだろうか？

実はかく言う筆者もその一人で、ある歴史書をひもといている時に「信長の墓は京都の阿弥陀《あみだ》寺にある」という一文を読んで「あれ？」と思ったものだ。

信長の墓地としてもっとも有名なのは、豊臣秀吉が大徳《だいとく》寺に作った摠見院《そうけんいん》である。また安土《あづち》城や本能寺にも墓や供養《くよう》塔が建てられている。

だが、阿弥陀寺に墓があるとは初耳だったので、さっそく取材に出かけることにした。ちょうど本能寺の変についての長編小説の構想を練っていた時だけに、もし事実なら新しい切り口が発見できるかもしれないと思ったのである。

京都駅前でタクシーに乗り、寺町通りの阿弥陀寺へと告げると、ドライバーは怪訝《けげん》な顔をした。

信長の墓がある寺だと言っても、本能寺や大徳寺の間違いではないかと問い返される始末である。

京都観光の生き字引きのような彼らが知らないとなると、もしかしたらあの歴史書が間違っていたのではないかと不安になったが、とにかく行ってくれと突っ張った。

「近頃のガイドブックには、嘘を書いてあることが多いんだよね」

ドライバーはプライドを傷つけられたと言わんばかりにつぶやき、無線で寺の位置を確認し始めた。

寺町通今出川《いまでがわ》上ルに阿弥陀寺はあった。しかも門前には「織田信長公本廟」という碑があり、立て札には、墓所となった由来《ゆらい》が記してある。

庫裏《くり》を訪ねて取材の目的について話すと、寺の方が本堂に案内して下さった。

須弥壇《しゅみだん》の左陣には、信長と嫡男信忠《ちゃくなんのぶただ》の木像と位牌、二人に従って討死にした家臣百十二人の名を記した大きな位牌などが安置してあった。

この信長像は見事だった。

信長の三回忌に旧臣が奉納したと伝えられるもので、高さ六十センチばかりの小さなものだが、天才と狂気紙一重のところで生きた信長の風貌《ふうぼう》をあます所なく伝えている。

おそらく最晩年の姿を写したものだろう。一般的に知られている薄いひげをたくわえ涼やかな表情をした肖像画とちがって、大量殺戮《さつりく》に明け暮れた信長の信念の強さと内面の孤独、憂うつ、恐怖までが伝わってくる。

写真を撮《と》ろうとファインダーをのぞくと、目にはめ込まれたガラス玉がギラリと光り、総毛立つような殺気を感じたほどだ。

これこそ信長だと思った。そしてこのような主君に仕えた明智光秀の苦悩と恐怖が手に取るように分かった。

なぜ阿弥陀寺に墓があるのか

この寺が信長の墓所となったのは、開山清玉《せいぎょく》上人《しょうにん》の活躍のゆえである。

信長と親しかった清玉上人は、本能寺で合戦が始まったと聞くと、二十人ばかりの供を連れて寺に駆けつけた。

ところがすでに信長は自刃した後で、近習《きんじゅ》たちが遺体を敵に渡さぬように荼毘《だび》に付していた。

いずれも顔見知りの者たちだったので、清玉上人は信長の墓を作って供養をすると言って遺骨を引き取り、本能寺から逃れる僧たちにまぎれて脱出した。

また二条《にじょう》御所で信忠が討死にしたと聞くと、光秀に申し出て信忠と家臣たちの遺体を引き取った。

清玉上人は正親町《おおぎまち》天皇の勅願僧《ちょくがんそう》に任ぜられたほどの高僧なので、光秀もむげには断れなかったのだ。

阿弥陀寺は当時は西ノ京蓮台野《れんだいの》にあり、八町《ちょう》四方という広大な寺域を有していたという。寺には今でもその頃の隆盛《りゅうせい》を伝える文書が残されている。

また本能寺から持ち出した信長愛用の槍や馬の鞍《くら》おおいもあるが、惜《お》しいことに江戸期の大火のために槍は穂先だけとなり、鞍おおいは半分焼失している。

朝廷に重く任じられていたことを証明するように、後陽成《ごようぜい》天皇の勅額も保存されている。

信長と信忠の墓は、本堂裏の墓地に仲良く並んでいた。その横には森蘭丸《らんまる》や坊丸《ぼうまる》ら近習たちの墓がひっそりと寄りそっている。

このような由緒《ゆいしょ》ある寺が没落したのは、秀吉のせいだという。

山崎の合戦で光秀軍を討ち破り、清洲《きよす》会議で信長の孫三法師を擁立《ようりつ》することに成功した秀吉は、葬儀を盛大に行なって信長の後継者となったことを天下に示そうとした。

そこで信長の遺骨のある阿弥陀寺で葬儀をしたいと申し入れたが、清玉上人は頑《がん》として拒否した。秀吉はやむなく信長の遺品だけを集めて十月五日に大徳寺で葬儀を行ない、阿弥陀寺を徹底して弾圧したのである。

寺は移転を強要され、信長の墓所と称することも禁じられたが、森蘭丸の弟で美作津《みまさかつ》山《やま》藩主となった忠政《ただまさ》が、兄たちの供養という名目で保護したので何とか命脈を保ったのだった。

そうした努力が報われる日が、大正六年（一九一七）にやって来た。

この年十二月に信長に正一位が追贈されたが、それを伝える使者は阿弥陀寺の信長の墓前に参向したのである。

飴と鞭で旧勢力を組み入れる

紅《べに》しだれ桜の時期の取材から一月ほどして、友人の中世文書研究家のS氏とともに再び阿弥陀寺を訪れた。

寺には三十九通の古文書が残されているが、これを正確に読み下し、一般の方にも利用できる形にまとめたものはまだ作成されていないと聞いたので、S氏にその労を取っていただくことにしたのである。

その結果、寺が天文《てんぶん》二十四年（一五五五）頃に創建され、室町幕府や三好長慶《みよしながよし》から手厚い保護を受けていたことが分かった。

清玉上人が正親町天皇から東大寺大仏殿再建のための勧進職《かんじんしょく》に任ぜられるほど信頼されていたことも確認できた。

面白いのは阿弥陀寺が幕府や武家の権力の及ばない無縁所《むえんじょ》で、数々の特権を与えられていたことである（この点については網野善彦《あみのよしひこ》氏も『無縁・公界《くがい》・楽《らく》』の「京の無縁所」という項で触れておられるので、ご参照いただきたい）。

寺に寄進《きしん》しておけば武家や債権者に奪われることをまぬがれるので、多くの者が相次いで土地や銭を寄進した。

そのために阿弥陀寺はわずかの間に八町四方もの寺域を持つようになり、境内《けいだい》には市《いち》が立ってバザールのような様相を呈《てい》したという。

永禄《えいろく》十一年（一五六八）の信長上洛《じょうらく》以後は、当寺にあてた森蘭丸の父可成《よしなり》や和田惟《これ》政《まさ》、明智光秀、細川藤孝《ふじたか》、木下藤吉郎《とうきちろう》、村井貞勝《さだかつ》などの文書が残されている。

信長が従来認められてきた無縁所の特権を剝奪《はくだつ》しようとしたことは、元亀《げんき》二年（一五七一）と推定される書状で、「公武《こうぶ》の御料所《ごりょうしょ》並びに寺社本所領、同じく免除の地、私領、買得《ばいとく》屋敷等」に関わりなく、田畠一反《たん》につき米一升《しょう》の割合で納入せよと命じていることからもうかがえる。

一方では大仏殿再興勧進のために、一人につき毎月一銭を徴収することを清玉上人に許可した信長自身の書状も残されている。

こうした飴《あめ》と鞭《むち》の手法を駆使して、信長は朝廷や寺社といった旧勢力を自己の統制下に組み入れようとしたのである。

本能寺から運び出された遺骨

『改定史籍集覧』に収録されている「信長公阿彌陀寺由緒之記録」には、清玉上人が信長の遺骨を運び出したいきさつが次のように記されている。

天正《てんしょう》十年（一五八二）六月二日に本能寺の変が起こったことを知った清玉上人は、僧徒二十人ばかりを連れて寺に駆け込んだが、すでに信長は切腹したというので力を落として引き返そうとしていると、数人の武士が墓地の後ろの藪《やぶ》の中で火をたいているのに気付いた。

顔見知りの者ばかりなのでどうしたのかとたずねると、信長が死体を敵に渡すなと遺言したが、四方を敵に囲まれているので遺体を抱えて脱出することはできない。そこでこうして火葬した後に、自分たちも切腹して後を追おうとしているのだと答えた。

これを聞いた清玉上人は、方々も知っての通り自分は長年信長に懇意にしてもらったので、何かの役に立てればと思って駆けつけたが、もはや果てられたとあれば是非《ぜひ》もない。火葬は出家《しゅつけ》の役なので、この場を任せてもらえるなら遺骨を寺に持ち帰り、墓を築いて葬儀も法事もきちんとすると申し出た。武士たちは喜んですべてを任せ、敵中に斬り込んで討死にした。

清玉上人は火葬を終え、骨を集めて衣に包み、本能寺の僧たちが脱出するようなふりをして阿弥陀寺に持ち帰った。

変の四カ月後に秀吉は阿弥陀寺で盛大な葬儀をいとなもうとしたが、前述したように清玉上人は拒《こば》み通している。

それなら寺に三百石を寄進するから永代《えいたい》供養料にしてくれという申し出にも、ついに応じようとはしなかった。

その理由について「由緒之記録」は、

〈秀吉公若年《じやくねん》より莫大《ばくだい》に信長公の御恩を受けて身を立てたる人の、何ぞや信長公道ならず不慮に御生害《ごしようがい》あそばされたるを幸いに天下を我がものにして、たちまち御重恩《ごじゆうおん》を忘れ織田御家門《ごかもん》を御家来となされ候事《そうろうこと》を、清玉上人はなはだ本意なく無念に存じられ、秀吉公の事を常に人でなしの人非人とのみ申され候由《よし》〉

と伝えている。

この記録は享保《きょうほう》十六年（一七三一）に書かれたものなので、第一級史料とは言い難《がた》いが、寺伝として語り継がれたことをまとめているだけに、大筋においては信用できると思う。

ただ秀吉が織田家の天下を奪ったから上人が遺骨を渡さなかったという解釈には、少し無理があるのではないだろうか。

というのは秀吉が織田家の天下を奪う姿勢をはっきりと見せるのは、天正十一年（一五八三）に織田信孝《のぶたか》と柴田勝家《かついえ》の連合軍に勝ってからのことで、葬儀の頃まではそれほどあからさまな行動をとっていないからである。

では清玉上人は何故かくも頑《かたく》なに秀吉を拒み通したのか？

近衛前久と朝廷黒幕説

日本史の中でも、本能寺の変ほどミステリアスな事件はない。

信長という希代《きたい》の英雄を明智光秀が討ち、その光秀を秀吉が中国大返しという離れ業《わざ》を演じて討ち果たす。変の当日徳川家康は堺《さかい》にいて、伊賀《いが》越えの道をたどって命からがら領国へ逃げ帰る。

戦国の英雄たちが一堂に顔をそろえている上に、事件の展開も劇的で、しかも多くの謎に包まれているだけに、光秀謀叛《むほん》の原因や、事件に関与した者について、古くからさまざまな説がとなえられてきた。

その中でも、最近では朝廷黒幕説がもっとも注目されている。

天正九年（一五八一）二月の京都馬揃《うまぞろ》えから正親町天皇への譲位強要、作暦《さくれき》問題への介入、三職推任《すいにん》についての対応など、天下統一を目前にした信長は、朝廷を支配下におこうという姿勢を露骨《ろこつ》に見せるようになる。

このことに危機感を抱いた朝廷が、光秀を動かして信長を討ったというのである。

筆者もこの説に賛同する者の一人である。本能寺の変は朝廷と室町幕府の復権を果たそうとする勢力が光秀を動かして起こしたもので、その黒幕は時の太政大臣近衛《だいじょうだいじんこのえ》前久《さきひさ》だと思う。

朝廷と公家《くげ》の力についてはこれまで無視されがちだったが、この前久という男はただ者ではない。

若い頃には上杉謙信《けんしん》と血判誓紙《けつぱんせいし》を交わして関白《かんぱく》在職のまま越後《えちご》に下り、ともに関東に攻め入って謙信の関東管領職《かんれいしょく》就任に立ち合っている。

十三代将軍足利義輝《よしてる》との縁も深い。義輝の母慶寿院《けいじゅいん》は叔母《おば》にあたり、前久の妹が義輝に嫁しているので、二人は従兄弟《いとこ》で義兄弟という強い絆で結ばれていた。

これは朝廷と幕府の結束を強めることで復権を果たそうという公武合体政策によるものだが、松永久秀《まつながひさひで》の謀叛によって義輝は討ち取られ、慶寿院も前久の妹も殉死《じゅんし》した。

それだけに前久の室町幕府復興への思いは切実で、信長上洛後は石山本願寺《いしやまほんがんじ》に入って信長包囲網形成のために陣頭指揮をとったほどだ。

この前久が吉田兼見《かねみ》に命じて光秀との連絡にあたらせ、細川藤孝（後の幽斎《ゆうさい》）や筒井順慶《じゅんけい》ら旧幕府勢力を結集して事を起こした。

清玉上人が秀吉の申し出を断った理由

ところが秀吉は、洛中《らくちゅう》に配した隠密《おんみつ》からの報告によってこの計画を察知し、漁夫《ぎょふ》の利を得ようと準備万端を調えて変が起こるのを待っていた。だからこそ毛利《もうり》との和睦《わぼく》や中国大返しという奇跡が可能になった。そう思うのである。

近年信長文書の研究において多くの成果をあげておられる立花京子氏も、「本能寺の変と朝廷」（『古文書研究』第三十九号）の中で同様の見方をしておられる。

勧修寺晴豊《かじゆうじはれとよ》が残した『天正十年夏記』という日記をもとに、本能寺の変後の朝廷と秀吉の交渉を詳細に分析し、秀吉は朝廷が変に関与していた事実をつかみ、事あるごとに朝廷を脅《おど》して意のままに動かしたと結論づけておられるのだ。

その最初の出発点は、山崎の合戦の三日後の六月十四日に、戦勝を祝う勅使を秀吉のもとに派遣させたことだという。

だとするならその仕上げは、秀吉が近衛前久の猶子《ゆうし》（養子）になって関白職を手に入れ、朝廷の権威を背景にして天下統一をなし遂げたことだろう。

清玉上人は正親町天皇の勅願僧であっただけに、秀吉と朝廷との交渉は逐一《ちくいち》承知していたはずである。

その過程で秀吉が本能寺の変が起こることを事前に知っていながら、私利私欲のために信長を見殺しにしたことが分かったために、阿弥陀寺で葬儀を行なうことを頑として拒否したのではないだろうか。

遺された信長愛用の手槍

先に阿弥陀寺には信長愛用の槍の穂先があると書いたが、それについての文書も二通残されている。

〈先日は御出、貴意を得《え》、本望《ほんもう》に存じ奉《たてまつ》り候、然《しか》らば、織田信長公御持の鑓《やり》、先年炎上仕《つかまつ》り、刃絶え申すべしと存じ候処《ところ》に、姿は別儀なく候につき、研《と》がせ見申し候、然る上、刃少しも相違なく、不思議の至りに候、作は泉州吉房《せんしゆうよしふさ》たるべく候、いよいよ以《もつ》て、御重《ごじゆう》物尤《もつもつと》もたるべく候、恐惶謹言《きようこうきんげん》〉

角野清左衛門から寺の和尚《おしよう》にあてたもので、信長愛用の槍が大火にあったが、刃には少しも異状がなかったいきさつを伝えたものだ。

日付は九月五日とあるのみで年代は不詳だが、寺が大火にあって宝物類が焼けたのは延宝《えんぽう》三年（一六七五）のことなので、その翌年あたりに書かれたものと推定される。

なお阿弥陀寺文書は京都市歴史資料館に写真資料として収蔵され、一般にも公開される運びとなったので、興味のある方は是非ご覧いただきたい。

阿弥陀寺の実態や清玉上人の事績《じせき》について本格的に解明されれば、戦国時代史の研究に新たな光をあてることができると思うのである。

富士山麓に埋められた信長の首

一本の電話と西山本門寺

それは一本の電話から始まった。

『歴史街道』の一九九九年九月号に織田信長の墓は洛北《らくほく》の阿弥陀寺にあると紹介したところ、発刊後しばらくして伊豆の仕事場の留守電にメッセージが入っていた。

「『歴史街道』の記事を読みましたが、信長公の首塚は静岡県内のさるお寺にあり、現在も丁重《ていちょう》に供養されております。参考までにお知らせ申し上げます」

初老とおぼしきご婦人の声は、それだけを告げるとプツリと切れた。

夜遅く仕事場に着いてこれを聞いた時には、背筋にぞくりと寒気を覚えたものだ。

というのは、煩雑《はんざつ》な用事にわずらわされることをさけるために、仕事場の電話番号は限られた知り合いにしか教えていない。

だから声を聞けば誰かはすぐに分かるのだが、何度メッセージを聞いても声の主に心当たりがなかった。

では誰が、どうやって番号を知ったのか？

それに寺の名前や自分の素姓《すじよう》を明かさないのも不自然だし、「現在も丁重に供養されております」という言葉には、作家ごときが生半可《なまはんか》な知識でいい加減なことを書くなとでも言いたげな響きがあった。

翌日、知り合いの作家や編集者に「信長の首塚」についてたずねたが、誰もそんなものは知らないと言う。

初老の婦人に教えるつもりがあるのなら、もう一度電話をくれるにちがいないと心待ちにしていたが、連絡もないまま日が過ぎていくうちに興味も失われていった。

ところが、一月ほど前、友人の史家に偶然この話をすると、「それは西山本門寺《ほんもんじ》のことですよ」と即座に教えてくれた。

何と伊豆のすぐ近く、富士郡芝川町《しばかわ》の寺に信長の首塚があるというのだ。

数日後、さっそく訪ねてみた。

ＪＲ富士宮駅から車で十五分ほどの所に、日蓮宗西山本門寺があった。富士山を背にして立つ巨大な黒門の前には、高々と下馬《げば》の札がかかげてある。

この寺には後水尾《ごみずのお》天皇と皇后の位牌が納めてあるために、朝廷から下馬下乗《げじよう》の禁札を建てることを許されたのだ。

位牌を安置したのは天皇の皇女常子内親王《ないしんのう》である。常子は近衛基熙《もとひろ》の夫人で、二人の間に生まれた娘（天英院《てんえいいん》）が徳川六代将軍家宣《いえのぶ》の御台所《みだいどころ》となったために、本門寺は幕府から十万石の格式を付与された。

実はこのことは信長の首塚と密接な関係があるのだが、その顚末《てんまつ》については後で述べたい。

黒門をくぐると所々に整然と石段を配した幅十五メートルもの参道が、両側に老杉の並木を従えて延々とつづいている。

全長一・五キロにも及ぶ参道は、十万石の格式を誇ったという往時の姿を偲《しの》ばせるに充分だが、今は通る人もないのか草におおわれたままである。

本堂は黒門から七百メートルほどの所にあった。江戸時代には七堂伽藍《がらん》を完備した駿《する》河《が》屈指の名刹《めいさつ》も、安政《あんせい》の大地震で大きな被害を受け、今や客殿と鐘楼《しょうろう》などを残すのみとなっている。

現在の本堂は、かつての客殿を改装したものだという。

信長の首塚は、本堂裏の池の北側にあった。

高さ約五メートル、底部の幅は約十二メートルほどで、塚の上には樹齢およそ四百五十年と推定される大柊《ひいらぎ》がうっそうと枝を広げている。

「信長公の御首は、この三メートル下に埋まっています。柊を植えたのは、人が近寄らないようにするためだそうです」

寺の方がそう教えて下さった。

過去帳にある奇妙な記述

いったいどうして信長の首がこんな所にあるのか？

寺伝によれば、本能寺の変当日、信長の供をしていた原志摩守宗安《しまのかみむねやす》が、本因坊算砂《ほんいんぼうさんさ》（日海上人《にっかい》）の指示によりこの寺に運んで供養したという。

変の前夜に信長が算砂と鹿塩利賢《かしおりげん》に囲碁の対局をさせたことはよく知られているが、算砂は翌朝まで本能寺に留まり、戦乱に巻き込まれたのだろう。

そして信長の死を知り、旧知の原宗安に西山本門寺まで首を運ぶように命じたのだ。二人にとってこの寺がなじみ深いものであったことは、算砂が後に本門寺の境内に本因坊という坊舎を作って住んでいたことや、宗安の子日順《にちじゅん》を弟子とし、寺の第十八代上人としていることからもうかがえる。

この日順上人こそ、常子内親王に働きかけて後水尾天皇夫妻の位牌を安置させた張本人なのである。

寺には日順の自筆過去帳があり、それには

〈天正十年六月、惣見院《そうけんいん》信長、為明智被誅〉

と記されている。

明智の為《ため》に誅《ちゅう》さるという文を読んで、「えっ？」と思われた方も多いのではないだろうか。

誅するとは、一般的には上位の者が罪ある者を成敗する場合に用いる言葉である。日順上人は慶長《けいちょう》七年（一六〇二）の生まれだから変の当事者ではないが、師の算砂から事情はつぶさに聞いていたはずである。

その日順が、なぜ「誅さる」という言葉を用いたのか？

信長殺しの罪を光秀ひとりになすりつけた

結論から先に言えば、明智光秀が単独で信長を討ったのではなく、朝廷の命令を受けて事を起こしたからだ。

そうでなければ、主君を討った行為を誅すると表現するはずはないのである。

筆者は前に、「本能寺の変は朝廷と室町幕府の復権を果たそうとする勢力が光秀を動かして起こしたもので、その黒幕は時の太政大臣近衛前久だと思う」と書いたが、日順の過去帳の記述はこの説とぴたりと符合するのである。

符合するといえば、もうひとつ興味深い日記がある。

武家伝奏《てんそう》として信長との交渉にもあたった勧修寺晴豊が残した『天正十年夏記』に、〈明智くひ勧修寺在所にて百性取候《そうろう》て出申候〉と記されているのだ。

光秀は山崎の合戦に敗れた後、坂本城に戻ろうとする途中に山科《やましな》の小栗栖《おぐるす》で殺されたと伝えられている。

その地が勧修寺在所なのか、あるいは別の場所なのか今のところ判然としないが、晴豊自身が勧修寺在所と記していることは重大である。

光秀は何かの用があって勧修寺在所を訪ねた。だが羽柴秀吉の思わぬ反撃によって窮地に立たされた朝廷は、光秀を殺して信長殺しの罪をなすりつけたのではないか。

あるいは光秀の首といつわって別の首を差し出すことで、光秀の逃亡を助けたのかもしれない。

そんないくつもの想像を可能にする一文なのである。

馬揃えから分かる強い朝廷との緊張関係

朝廷は本能寺の変にどう関わったのか？

その評価については現在史学界でもさまざまな議論がなされているが、解釈の分かれ目となるのが天正九年（一五八一）二月に信長が行なった馬揃えである。

内裏《だいり》の東隣で行なった馬揃えを、（一）朝廷に対する信長の威嚇《いかく》、（二）自軍の威容を天下に示す軍事パレード、（三）朝廷の要望によって信長が行なった祭り、そのいずれと見るかによって、朝廷と信長との間に変を惹起《じやつき》するような鋭い緊張関係があったかどうかの解釈がちがってくるからだ。

筆者は信長は（一）と（二）をねらっていたという説に与《くみ》するが、（三）の説を取る学者も多い。

彼らがその論拠とするのは、天正九年一月二十四日の『お湯殿の上の日記』の記述である。

〈廿《にじゆう》四日。しゆんちやうけん所へくわんしゆ寺中納言《ちゆうなごん》。左大弁宰相《さだいべんさいしよう》。ひろはしして。みやこにてき（さ）きつちやうあらい御らんまいられたきよし。のふなかに申候《そうら》へとの御つかいにておほせられ候へは。かへり事に。けふ上へあかりて申候はんとそんし候所へちか比しかるへきよし御かへり事申〉

二十四日に春長《しゅんちょうけん》軒村井貞勝のもとへ、勧修寺中納言晴豊、左大弁宰相広橋兼勝《かねかつ》をつかわし、主上が左義長《さぎちょう》を御覧になりたいとのご希望であると信長に伝えよと申し付けると、貞勝は今日上（内裏）に参内《さんだい》して申し上げようと思っていたので、まことに好都合であったと返事をした。そんな意味である。

左義長とは一月十五日に信長が安土城下で行なった小正月の祭りで、これが見事だという評判を聞いた主上が、信長に洛中でも行なうように申し入れたというのが、『お湯殿』が伝える表面的な史実である。

朝廷関与説を否定する学者たちはこの記述に従って（三）の説をとなえるのだが、現実には信長は朝廷からの申し入れがある前に馬揃えの挙行を決め、明智光秀を奉行として準備にかからせていた。

そのことは吉田兼和《かねかず》（兼見）の日記の一月二十五日の条に、次のように記されていることからも明らかである。

〈夜に入り、惟任日向守《これとうひゅうがのかみ》より書状到来。今度信長御上洛ありて御馬汰（馬揃えの沙汰《さた》）なり。御分国ことごとく罷《まか》り上るべきの旨《むね》仰《おお》せ付けらる。日向守の条相触るなり。その

内公家陣参の衆、罷り出らるべきの旨御朱印なり。案書の写し来る〉

すでに二十五日の時点で、光秀は諸国の大名たちに馬揃えのために上洛するように触《ふ》れを出しているのである。

また公家陣参の衆（信長の軍勢に加わる役目をおびた者）にも加わるようにとの信長直々《じきじき》の命令を受け、公家に配る案書の写しまで兼和に送り届けている。

二十四日に朝廷からの要望を受けてから仕度にかかったのでは、翌日にこんなことができるはずがないのである。

信長は朝廷の意向などお構いなしに馬揃えの仕度を進め、朝廷はその強硬姿勢に屈して左義長張行《ちょうぎょう》の申し入れをした。

そう解釈するのが、もっとも理にかなっているのではないだろうか。

不幸の原因は信長のたたりなのか

西山本門寺に後水尾天皇の位牌が納められたことと、信長の首塚とは密接な関係があると前に書いたが、これはいったいどういうことなのか。

その真相を伝える史料はないが、当時の政治状況などをもとに推測すれば、以下の通りではないかと思う。

寺に件《くだん》の位牌が納められたのは、延宝六年（一六七八）十一月のことである。

そのいきさつについて、寺伝は次のように伝えている。

〈日順上人は、京都に布教し、寛文《かんぶん》年間に京、大坂に末寺を建立し、第百八代後水尾天皇の息女、常子内親王の御帰依《きえ》を受け、常子内親王は、御父君後水尾天皇、御母君新広義門院の両尊牌を造立し、当山に納められ〉（『西山本門寺あんない』より）

常子内親王が両親の位牌を寺に納めたのは、心中に期するものがあったからにちがいない。

その祈願が何であったかは、当時の朝廷の状況を見ればおよその見当はつく。

後水尾天皇の第十六皇女であった常子は、異母兄の後西《ごさい》天皇（第八皇子）と親しかった。

ところが後西天皇は万治《まんじ》三年（一六六〇）に起こった伊達騒動への関与を疑われて皇位を追われ、「凝華洞《ぎょうかどう》」という小屋《しょうおく》で幽閉《ゆうへい》同然の暮らしを強《し》いられた。

跡をついだのはわずか十歳の弟霊元《れいげん》天皇（第十九皇子）である。この天皇は幕府の傀《かい》儡《らい》にちかい存在だっただけに、後西天皇と親しかった常子や夫の近衛基熙を冷遇した。基熙は延宝五年（一六七七）に左大臣《さだいじん》に任じられるが、政治の実権は右大臣一条兼輝《かねてる》に握られたままだった。

常子はこの年三十六歳だが、後西天皇の失脚に連座したのか、いまだに内親王宣下《せんげ》を受けていなかった。

失意の常子は、近衛家に出入りしていた日順上人に我身の不幸を訴え、不幸の因縁を断ち切る方法を問うた。

日順の師本因坊算砂は囲碁をもって朝廷に出入りしていたので、近衛家とも親しかった。常子が日順に帰依したのも、そうした縁があったからだろう。

常子の相談を受けた日順は、朝廷と近衛家の不幸の原因は信長のたたりだと喝破《かつぱ》した。そして本能寺の変は、近衛前久が朝廷を守るために明智光秀を動かして起こしたものだと伝えたのだろう。

信長のたたりを封じるには、丁重に御霊《みたま》を祀《まつ》るしかない。日順にそう諭《さと》されたものの、常子の立場としては公に供養をするわけにはいかなかった。

そんなことをすれば、信長を謀殺したのは朝廷と近衛家だということを天下に公言するも同じだからである。

生前に位牌を納めた後水尾法皇

そこで常子は、一計を案じ、亡くなった母の菩提《ぼだい》を弔《とむら》うために西山本門寺に位牌を納めることにしたが、そのためには内親王の格式を得る必要がある。

常子はいまだ存命中だった父後水尾法皇にこのことを訴え、母の百カ日の法要を期に内親王宣下をしたと見なすというお墨付きを得た。名を常子と定めたのは、実はこの時である。

そして翌年母の位牌を本門寺に納め、寺に自由に出入りする名分《めいぶん》を得た。

寺伝が言うように父帝の位牌も同時に納めたのなら、後水尾法皇は逆修《ぎゃくしゅ》（生前に仏事を行なうこと）したことになる。

信長謀殺に朝廷が関わっていたと知ったことが、法皇にそんな決断をさせたのではないだろうか。

現代人の多くは死者のたたりなどは迷信だと考えているが、当時の人々にとっては身近に感じられる切実な問題だった。

現在大阪城天守閣に保管されている「千姫観音」と呼ばれる聖観音《しょうかんのん》坐像は、そのことを証明する格好の例である。

寄木《よせぎ》造りの観音像の背中には、豊臣秀頼《ひでより》自筆の「南無阿弥陀仏《なむあみだぶつ》」の名号《みょうごう》と、千姫の名代《みょうだい》である伊勢内宮《ないくう》の周清《しゅうせい》上人の願文《がんもん》が入れられている。

秀頼のたたりを鎮《しず》め守り神となってくれるように祈念した、元和《げんな》九年（一六二三）九月吉日付の願文には、

〈播磨《はりま》の姫様（千姫）にはたびたびお子が出来るのですが、その都度《つど》障《さわ》りがあってうまく育ちません。どうしたわけかと占ってみますと、あなた様（秀頼）のたたりだということです〉

そう記されているのである。

信長の首塚に植えられている柊は、古代密教で呪いを意味する不吉な木とされていた

という。

その木をあえて植えたのは、人が近寄ることをさけるためばかりではなく、信長の怨《おん》霊《りょう》を封じ込めようという意図があったのかもしれない。

織田信長は、桶狭間の前年に上洛していた

朝廷と室町幕府の復権をめざす

これまで京都の阿弥陀寺に織田信長の墓があることや、静岡県芝川町の西山本門寺に信長の首塚が祀られていることを紹介しながら、本能寺の変の前後に見え隠れする謎に迫ってきた。

変の原因についてはこれまでさまざまの学説が提示されているが、筆者は朝廷と室町幕府の復権を果たそうとする勢力が明智光秀を動かして起こしたものだという説を支持している。

その黒幕は時の太政大臣近衛前久だろうし、豊臣秀吉も何らかの形で関与していたか、事前に情報をキャッチしていながら、信長を見殺しにした可能性が高い。

阿弥陀寺の清玉上人が信長の遺骨を秀吉に渡すことを峻烈《しゅんれつ》に拒否したことや、近衛基熙の妻となった常子内親王が西山本門寺に父母の位牌を安置した理由をさぐりながら、そうした説の傍証を試みたつもりである。

変の起こった天正十年（一五八二）の直前に、信長と朝廷との間に作暦問題や三職推任問題などをめぐる軋轢《あつれき》があったことはよく知られているが、いったいどうしてこうした事態に立ち至ったのか？

当時の朝廷と武家とは、どのような関係にあったのか？

近年の史学界の研究の成果を参考にしながら、信長と前久の関係を軸に考察してみたい。

二人の関係をうかがわせる興味深いエピソードが、江戸時代の初期に編さんされた『明良洪範《めいりようこうはん》』に紹介されている。

〈信長公には若年の頃王という事を御存じなく、その頃村井七郎《しちろう》右衛門《えもん》、後に長門《ながと》長春《ながはる》（貞勝）と申せし人、京の所司《しょし》を勤めし者なり、この人に申され候は、王というものはいかようなる者にて候か、厨子《ずし》などに入て置かる者か、又は人にて候やとたずねられ候時、長門申し上ぐるは、いまも人間にて位高きものにて御座《ござ》候と申す。その頃近衛龍山（前久）公、村井にお目をかけられ候ゆえに、まず龍山公を信長公へ知る人になし、それより度々《たびたび》の御出会もこれあり、ようやく王という事御存じ候〉

一向一揆《いっこういっき》をなで斬りにしたり、比叡山を焼き討ちにして中世的権威を次々に否定していった信長だけに、天皇についてまったく知らなかったのもむべなるかなと思わせるが、むろんこれは事実ではない。

朝廷を尊崇していた信長の父

織田家は父信秀《のぶひで》の頃から朝廷や公家と密接な関係があったので、信長も天皇についてかなり詳しく知っていたはずなのだ。

それを証《あか》すのが、権大納言《ごんのだいなごん》山科言継《ときつぐ》の日記『言継卿記《きょうき》』である。

天文二年（一五三三）七月八日、言継は歌鞠伝授という名目で尾張《おわり》に下向《げこう》し、織田信秀の案内で勝幡《しょばた》城へ入っている。

〈同三郎（信秀）迎えとて来《きた》る。則《すなわ》ち彼の館へまかり向かう。馬に乗る。三郎は乗らず、跡に来り候《そうら》い了《おわ》んぬ〉

都下りの公家を、信秀はまるで下僕《げぼく》のように徒歩で案内しているのだ。

これほど朝廷への尊崇《そんすう》の念が厚かったのは、織田家がもともと越前丹生《えちぜんにゅう》郡織田荘《しょう》の劔《つるぎ》神社の神官だったからだろう。

信秀は熱田《あつた》神宮や伊勢神宮への助力を惜しまず、天文十二年（一五四三）には内裏修理料として四千貫もの大金を献上している。

こうした家に育った信長が、天皇について知らなかったということはありえない。むしろ父に対してと同様に、父が尊崇する朝廷に対しても愛憎半ばする思いを抱いて成長したことだろう。

信長と前久を引き合わせたのも、村井貞勝ではなく山科言継だったはずである。

なぜなら貞勝が京都において活躍するのは、永禄十一年（一五六八）の信長の第二回上洛以後のことだからである。

一方言継は尾張下向以来織田家とつながりを保っていたし、山科家は近衛家の門流なので前久とは主従にちかい関係にあった。

だから信長が幕府や朝廷に接近しようとすれば、言継を通じて前久に働きかけるのがもっとも効果的だったのである。

では二人の初めての出会いとは、いつだったのだろうか？

最初の上洛は桶狭間の前年

信長が最初に上洛を果たしたのは、永禄二年（一五五九）二月のことだ。

半月ほど前には織田信賢《のぶかた》がこもる岩倉城を包囲し、尾張一国の平定を目前にしていた。

信長がなぜこの時期に上洛したのか、その理由を伝える史料は少ない。

二月二日には足利十三代将軍義輝と対面しているので、これまでは尾張平定を報告して領国支配を認めてもらおうとしたと解されることが多かった。

だが、はたしてそうだろうか？

尾張からの上洛には、宿敵斎藤義龍《よしたつ》のいる美濃《みの》をさけて鈴鹿《すずか》峠を越えたと思われるが、伊勢にも近江《おうみ》にも敵は多い。

信長ほど用心深く利に聡《さと》い男が、そうした危険をおかしてまで義輝と対面しようとしたとはとても思えない。

もしそれだけが目的だとしたなら、信長は義輝に領国の安堵状《あんどじょう》を発給してもらったはずだが、そうした史料も見当たらないのである。

しかもこの時期には、斎藤義龍や越後の長尾《ながお》景虎《かげとら》（上杉謙信）も上洛しているのだから、信長が独自の都合で上洛したと考えるより、幕府の求めに応じたと見た方が当《とう》を得ているはずである。

幕府の令を逆手にとった信長

では、幕府は何ゆえ諸大名に上洛を求めたのか？

結論から先に言えば、正親町《おおぎまち》天皇の即位の礼に参加させるためである。

二年前の九月に後奈良《ごなら》天皇が逝去《せいきょ》したために、朝廷ではこの年春に新天皇の即位の礼を行なうことにしていた。

そのことは、朝廷の女官が記した『お湯殿の上の日記』の二月七日の条に、次のように記されていることからも明らかである。

〈ご即位の事、三条大納言実澄《さねずみ》、御門へお参りにて御中候。ご学問所にてご対面あり〉

幕府はこの礼典の警固に諸大名をあてるために、隣国との戦《いくさ》の中止と街道通行の保障を求める令を発した。

今日にたとえるなら、正月休戦やクリスマス休戦のようなものである。

その令が有効だったからこそ、武田晴信《はるのぶ》（信玄）と熾烈《しれつ》な戦いをくり返していた長尾景虎が、四月二十七日に五千もの軍勢をひきいて上洛することが可能になったのである。

おそらく信長はこの停戦令を逆手《さかて》にとり、美濃の支援を受けていた織田信賢を攻め亡ぼしたのだろう。

こうした抜けがけ的な行動は、即位の礼の費用として二千貫を献上した毛利元就《もとなり》も行なっている。嫡男隆元《たかもと》を大将とする軍勢を東進させ、備中《びっちゅう》一国を掌中にしたのだ。

〈十三日。安芸《あき》国毛利隆元備中国中切り取る。今日注進書、同頸《くび》の注文参る。ご即位中沙汰つかまつり候によりて、奇特に切り勝ちたるとて、注進申す〉

前述の日記の五月十三日の条にそう記されている。

即位の礼が諸大名に大きな影響を与えていたことが、この一文からも読み取れるのである。

しかし、朝廷をも巻き込んだこのような戦略を、どうして退勢いちじるしい幕府に立てることができたのだろうか？

その理由は二つある。

ひとつは、近年の史学界の研究でも明らかなように、戦国末期になると諸大名の地位を保障する主体としての朝廷や幕府の地位が上昇してきたことだ。

守護《しゅご》大名を倒し、下克上《げこくじょう》によってのし上がった戦国大名たちも、領国を安定的に支配するためには、朝廷や幕府から官位や職をもらって大義名分を得る必要に迫られたのである。

もうひとつは、こうした風潮を敏感に察した足利《あしかが》家と五摂家《ごせっけ》筆頭である近衛家が姻戚関係を結び、公武合体政策を進めることで勢力の拡大を図ったことだ。

その嚆矢《こうし》は十二代将軍義晴《よしはる》が、天文三年（一五三四）に近衛尚通《ひさみち》の娘をめとったことである。

る。

信長と前久の奇しき因縁

二人の間に生まれたのが義輝や義昭《よしあき》だから、尚通の孫である前久とは従兄弟にあたる。

前久と義輝とは同い年で、兄弟のようにして育った間柄である。しかも永禄元年（一五五八）十二月に義輝は前久の妹をめとるので、二人は従兄弟で義兄弟という二重の縁で結ばれることになった。

片や関白、こなたは将軍として朝廷と幕府を動かしたからこそ、即位の礼の警固のために諸大名を上洛させるという離れ業《わざ》が可能になったのではないだろうか。

ちなみに興福寺一条院の門跡《もんぜき》となり、後に十五代将軍となった義昭と前久も義兄弟にあたる。

藤原氏の氏寺である興福寺の門跡には五摂家の者しかなれないので、義昭は前久の父稙家《たねいえ》の猶子となって一条院に入っているからだ。

後年、前久が義昭の後ろ盾《だて》となって信長包囲網を築くのは、こうした背景があってのことなのである。

おそらく上洛中に、信長と前久は顔を合わせているにちがいない。

前述したように山科言継と織田家の付き合いは古く、言継は前久の家来筋にあたるので、言継の仲介によって二人が顔を合わせることは充分にありえるからだ。

だとすれば初めての上洛の時から、信長と前久の奇《く》しき因縁は始まっていたということになる。

不発に終わった三好包囲網

二月に上洛した信長が、いつまで京に留まっていたかは不明である。

五月五日に朝廷は即位の礼を延期すると発表し、五月十日には斎藤義龍が美濃に帰っているので、同じ頃に帰国していると思われる。

延期と決したのは、幕府内で不都合が起こったからだ。それが何かは定かではないが、この年十一月二十七日の『お湯殿の上の日記』には、

〈廿七日。武家よりご即位の警固の事に、今年内は延べられてと申さるるにつきて〉

と記され、結局翌年一月まで延期せざるを得なくなった。

その原因は、幕府内での将軍義輝と三好長慶の対立にあったのではないだろうか。阿波《あわ》細川家の守護代から身を起こし、畿内の大半を勢力下におさめた長慶と足利将軍家は対立と和解をくり返し、義晴や義輝はたびたび京都から逃げ出さざるを得ない立場に追い込まれていた。

天文二十二年（一五五三）にも義輝は朽木谷に逃れ、永禄元年（一五五八）十一月に長慶と和解してようやく帰洛《きらく》を果たした。

即位の礼の儀が起こり、義輝が諸大名への上洛を呼びかけたのは、それからわずか三カ月後のことである。

幕府の実権は長慶に握られたままなので、義輝や前久の都合だけで事を進めることはできなかったのだろう。

ここにひとつの仮説を立ててみたい。

二人が諸大名に上洛を呼びかけたのは、即位の礼の警固を名目として軍勢を集め、長慶を討とうという計略があったからだというものである。

長尾景虎や毛利元就、斎藤義龍、織田信長、そして若狭《わかさ》や近江の足利家ゆかりの大名たちを糾合《きゅうごう》して三好包囲網を築き、即位の礼を機に行動を起こそうとした。

ところが長慶もたくみな懐柔策《かいじゅうさく》を用いて義輝を取り込み、前久との関係を分断したために不発のままに事は終わった。

そうとでも考えなければ、長尾景虎が五千もの軍勢をひきいて長駆《ちょうく》上洛したことや、前久と景虎が親密な交渉を重ねた理由が解せないのだ。

景虎の関東管領職就任

即位の礼をめぐる激しいつばぜり合いが行なわれていた永禄二年六月、前久は景虎に次のような起請文《きしょうもん》をさし出している。

一、右今度、長尾一筋に頼み入り、遠国《おんごく》へ下向の事、いささかも偽りあるべからず候事。

一、少弼《しょうひつ》（長尾景虎）と進退同前に成り申し、別心あるべからざる候事。

一、密事他言あるべからざる事。

一、自然、在京中にも頼まるる事候わば、才覚の及ぶだけをば一筋に疎意《そい》あるべからず馳走《ちそう》せしむべき事。
一、もし又後々注説など申す事候わば、不審せしむべき事はその方の耳に入れ、承るべく候事。
一、心中にさえ疎略《そりゃく》なきにおいては、自然、不礼の段、遺恨《いこん》あるべからざる事。

第三条の密事を他言しないという誓いや他の条文の調子から、二人の間によほど重大な約束が交わされていたことがうかがえる。

その約束とは、三好討伐に失敗した前久が上洛してもらった借りを返すために、景虎の関東管領職就任を義輝に認めさせることと、越後に下向して景虎とともに関東へ攻め入ることだったと思う。

現に義輝は六月二十六日に、関東管領上杉憲政《のりまさ》の進退については今後景虎に一任するという御内書を出している。

その中に次の一条がある。

一、甲越一和《こうえついちわ》の事、晴信に対し、度々下知《げち》を加うるといえども、同心なく、結局、分《ぶん》国《こく》境目に至り乱入の由、是非なく候。しかれば信濃《しなの》国諸侍の事、弓矢なかばの由候間、始末景虎意見を加うべき段、肝要《かんよう》に候。

義輝は景虎に関東管領職ばかりか信濃国の支配権まで与えたのである。

翌年九月、近衛前久は関白在職のまま盟約通り越後に下向し、翌永禄四年（一五六一）春に関東に下っている。

景虎が鎌倉の鶴岡八幡宮で関東管領職就任と上杉家襲名《しゅうめい》の式を行なったのは同じ頃なので、前久は関白と氏《うじ》の長者の資格で参列し、式典に華をそえたにちがいない。

三好長慶に懐柔された義輝が、三好三人衆と松永久秀の謀叛によって殺されるのはそれから四年後のことだ。

この時義輝の母慶寿院（前久の叔母）も妻（前久の妹）も、燃えさかる二条御所で運命を共にしたのである。

このように俯瞰《ふかん》してみると、信長は第一回目の上洛の時から朝廷をめぐる熾烈な政治的駆け引きを体験したことが了然《りょうぜん》とする。

このことが彼に上洛しなければ天下に号令することができないという現実と、朝廷の政治的な利用価値を認識させたのではないだろうか。

時に信長二十六歳。前久は二つ下の二十四歳である。

この時から本能寺の変まで、二人は対立や和解をくり返しながら二十数年を過ごすことになる。

なお、正親町天皇の即位をめぐる政治的争いについては拙書『戦国秘譚　神々に告ぐ』（角川文庫）でも描いているので、あわせてご一読いただければ幸いである。

第二章 信長の真の敵は誰か？

正親町天皇の勅命が、織田信長を滅亡の危機から救った

安土城跡で「清涼殿」が発見された

「安土《あづち》城に天皇用の御殿」

「京都御所の清涼殿《せいりようでん》そっくり」

「信長、天下人の威勢誇示か」


二〇〇〇年二月十一日の新聞各紙には、このような刺激的な見出しが並んだ。

安土城の発掘を進める滋賀県安土城郭調査研究所が、本丸跡の礎石《そせき》配置が内裏《だいり》の清涼殿に酷似《こくじ》していると発表したからである。


建築史家の内藤昌《あきら》氏の談話によれば、当時一間《けん》を七尺以上にするのは天皇だけが使う別格の建物であり、七尺二寸の柱間の御殿であったことを裏付けるものだという。

『信長公記《しんちようこうき》』には、天正《てんしよう》十年（一五八二）正月朔日《ついたち》に信長が御幸《みゆき》の間を公開したと記さ

れているが、その記述の正しさを証明する発見ともなった。

問題はこのようなものを作った信長の意図だが、各紙に寄せられた識者の意見は二つに分れていた。

ひとつは安土城に天皇を迎えて天下に威信を示そうとしたというものであり、もうひとつは城内への天皇の移住まで視野に入れていたとするものだ。

また、このことが天皇の権威を重んじてなされたのか、それとも天皇を城内に取り込もうとしてのことかについても見解は分かれているようである。

筆者はこれまで、本能寺の変の背後には信長と朝廷との熾烈《しれつ》な争いがあったという観点から本稿の論を進めてきた。

それだけに二月十一日の新聞記事を見た時には、体の芯《しん》が震えるような感動を覚えた。

信長が本稿の執筆を助けようとして、四百余年ぶりに己《おの》れの意図を明らかにしたとさえ思えたほどである。

その意図とは、正親町《おおぎまち》天皇の皇太子誠仁《さねひと》親王の即位を果たした後に安土城内の「清涼殿」に移住させ、折を見て猶子《ゆうし》とした五の宮に譲位させるというものだ。

尊皇の仮面に隠した意図

信長はすでに天正七年（一五七九）に誠仁親王一家を二条御所《にじょうごしょ》に移住させ、自家薬籠《じかやくろう》中《ちゅう》のものとしていたが、今度は安土城内への遷都《せんと》さえ企《くわだ》てていた。

しかもそれが天皇の権威を重んじてのことなどではなく、朝廷を支配下におこうという野心によるものであったことは、自分の住居である天主閣《てんしゅかく》から見下ろす位置に「清涼殿」を作ったことからも明らかである。

猶子とした五の宮を即位させれば、信長は太上《だいじょう》天皇と同等の資格で朝廷を意のままにすることができる。御殿の建築はその時にそなえたものだった。

証拠はもうひとつある。

二月十一日の新聞各紙では誰も言及していなかったが、内裏の清涼殿と城内の「清涼殿」とは間取りは同じだが、東西の配置が逆になっている。

前者は東庭に面して鬼の間、御帳《みちょう》の間、東中段と並んでいるが、後者ではこれがそっくり西側に配されているのである。

これは敷地の都合でそうなったなどと言って済まされる問題ではない。なぜなら清涼殿の間取りは古式によって厳しく定められているからだ。

それに配置を変えても屋敷の広さは同じなのだから、正規の間取りにすることは容易だったはずである。

なのに何ゆえ反対にしたのか？

答えは簡単である。信長が住居としている天主閣が西側にあったからだ。

御帳の間は帝《みかど》が群臣と対面したり、儀式を行なう所である。その場所を朝廷の古式を無視して自分の方に向けさせたところに、尊皇《そんのう》の仮面の下に隠した信長の意図が明確に示されている。

おそらくこのことは、当時においても世の非難を招いたのだろう。本能寺の変の直後に次男信雄《のぶかつ》が安土城に放火したのは、信長のかかる僭上《せんじょう》の痕跡を一刻も早く消し去りたかったからではないだろうか。

永禄《えいろく》十一年（一五六八）の上洛《じょうらく》以来、信長と朝廷とは利用し利用され合う関係をつづけてきた。

信長は朝廷の命《めい》を大義名分として天下統一を進め、朝廷は信長の援助によって復興を成しとげたが、両者は同床異夢《どうしょういむ》の関係にあった。

それゆえ本能寺の破局を迎えるわけだが、両者の最初の出会いとはいかなるものであったのだろうか？

幕末と似た尊皇運動の盛り上がり

永禄十一年（一五六八）九月七日、信長は足利義昭《あしかがよしあき》を奉じて上洛を果たすために、五万の軍勢をひきいて岐阜城を出発した。

近江観音寺城《おうみかんのんじ》に拠《よ》ってこれを迎え討とうとした六角義賢《ろっかくよしかた》は、その軍勢の強大なることに恐れをなして、さしたる抵抗もせずに甲賀《こうか》へと逃走した。

信長の入洛必至《ひっし》と見た朝廷では、九月十四日に信長あての綸旨《りんじ》を出した。

その要点は以下の三つである。

一、信長の上洛を天皇も了承していること。
一、洛中《らくちゅう》での軍勢の乱暴掠奪《りゃくだつ》を禁じること。

一、内裏と周辺の警固を依頼すること。

この綸旨が朝廷側から先手を打って出されたものか、信長側の求めに応じて出されたものかは不明だが、両者の密接な駆け引きはすでにこの時から始まっていたのである。

信長といえば下克上《げこくじょう》のシンボルのごとく評されているために、朝廷など眼中《がんちゅう》になかったように思われがちだが、朝廷対策には細心の注意を払っている。

それは織田家が劔《つるぎ》神社の神官の出だということと関わりがあるだろうが、当時朝廷の力は政治的にも無視できないほど大きくなっていたのである。

その実体については今谷明氏が一連の研究によって解明しておられるが、先頃朝山日乗《あさやまにちじょう》を論じた三浦周行《ひろゆき》氏の文章を読んでいてはたと腑《ふ》に落ちたことがあった。

信長が上洛した頃の状況は、幕末に尊皇攘夷《じょうい》運動が盛り上がっていた頃とよく似ているというのだ。

〈国民の注意が思い出した如《ごと》くに皇室に注がれると共に、身を挺《てい》して君民の接近を図るものも此頃《この》から著しく目立って見える。それには公卿《くぎょう》もあった。僧侶もあった。歌人も、連歌師《れんがし》もあったが、そこに江戸幕府の末路にも見たやうな処士《しょし》の交って居《い》たことは見遁《みのが》されぬ。信長が尊皇の旗幟《きし》を先立てて統一の大業を企てたのも、かうした社会人心の機《き》微《び》を捕へたものであるが、此田舎大名の手を取って九重《ここのえ》の雲の上に引上げたのには無名の処士の力の多かったことを認めぬ訳に行くまい〉（『日本史の研究』岩波書店）

信長を一途《いちず》な勤皇家ととらえた三浦氏と筆者の見解は異なるが、当時と幕末とを重ね合わせて考えれば信長と朝廷の関係がより明確に見えてくる。

薩摩《さつま》や長州《ちょうしゅう》は尊皇攘夷運動の盛り上がりを利して倒幕を果たしたが、後には政治的な主権者とした天皇の処遇に頭を悩ますようになった。

朝廷の影響力の大きさを身をもって知った彼らは、朝廷が反対勢力に担《かつ》ぎ上げられることを恐れて、帝を江戸城内に移すという措置を取らざるを得なくなった。

信長にも同じことが起こったと考えると、安土城内の「清涼殿」に帝を封じ込めようとした理由もすんなりと納得できるのである。

関白職を罷免、石山本願寺に潜伏

上洛を果たした信長は九月二十六日に東寺《とうじ》に着陣し、休む間もなく摂津《せっつ》方面に進軍した。

朝廷はその後を追うように勅使《ちょくし》を派遣し、将軍義昭ばかりか信長にまで祝いの品々を贈った。

これは己れの威《い》を示すために信長側から求めたものだろう。二日後の十月八日に銭百貫《かん》を内裏に献上したのは、その返礼の意味が込められていたはずである。

この年十二月には、誠仁親王の元服《げんぷく》の祝いとして銭三百貫を献上して尊皇の志が厚いことを示すが、両者の対立のきざしは早くも翌年の一月には現われている。

一月十九日、信長は左義長《さぎちょう》見物という名目で参内《さんだい》した。

正親町天皇と信長の対面を実現するために、公武《こうぶ》双方の話し合いの末に決したことで、小御所《こごしょ》の庭で天盃《てんぱい》を受ける手はずになっていた。

しかしどうしたわけか銚子《ちょうし》の用意が遅れたために、怒った信長は許可も得ずに退出したのである。

のちに信長の宿敵となる近衛《このえ》前久《さきひさ》は、信長上洛後間もなく京都から出奔《しゅっぽん》している。

これは信長との対立からではなく、義昭との確執《かくしつ》によるものだというが、その真相は定かではない。

前久と義昭は従兄弟《いとこ》であり、義昭を近衛家の猶子として興福寺一乗院《いちじょういん》の門跡《もんぜき》としたのは前久の父稙家《たねいえ》である。

また十三代将軍義輝《よしてる》が松永久秀《まつながひさひで》らの謀叛《むほん》によって討たれた時に、義昭が一乗院から脱出して越前《えちぜん》朝倉家に身を寄せることができたのも、前久の尽力によるところが大きかった。

それほど親密な二人がにわかに対立したとすれば、将軍となった義昭と前久の間に余程重大な行きちがいがあったのだろう。

関白《かんぱく》在職のまま出奔し、石山本願寺《いしやまほんがんじ》に身を寄せた前久は、十一月二十三日に正親町天皇に使者を送って、家督《かとく》を次男信尹《のぶただ》に相続させたいと申し出ている。

その意を受けた天皇は、前久の帰洛《きらく》を許すように義昭に伝えた。また信長もとり成したが、義昭は許そうとはしなかったという。

結局十二月十六日に前久は関白職を罷免《ひめん》され、石山本願寺に潜伏して再起を期すことになったのである。

キリシタン禁制を「気にするには及ばぬ」

永禄十二年（一五六九）一月、六条本圀寺《ほんこくじ》にいた足利義昭は三好《みよし》三人衆の軍勢に急襲され、危《あや》うく一命を落とすほどの窮地《きゅうち》におちいった。

義昭の安全をはかる必要を痛感した信長は、二条御所の造営に取りかかり、四月には義昭をここに迎えた。

同じ頃、内裏の修理にも着手している。この時奉行格として工事の指揮にあたったのが朝山日乗だった。

出雲《いずも》国の豪族だった日乗は、ある日内裏を修理せよという夢のお告げを受け、こつ然と出家して上京した。

やがて近衛前久に働きかけて朝廷から上人《しょうにん》号を授与され、内裏の修理に着手したのである。弘治《こうじ》元年（一五五五）閏《うるう》十月のことだ。

以来十四年、諸方から勧進《かんじん》をつのって細々と修理をつづけてきたが、信長という庇護《ひご》者《しゃ》を得て工事は急ピッチで進むことになった。修理の費用は一万貫といわれているが、その大半を信長が負担したのである。

永禄十二年は信長と朝廷の方向性のちがいが表面化した年でもあった。

ひとつはキリシタン禁制の問題である。

この頃フロイスは洛中にあって布教にあたっていたが、「尊皇攘夷」の志士である日乗は強硬にこれに反対し、朝廷に働きかけてキリシタン禁制の綸旨を出させた。

窮地におちいったフロイスは五月下旬に岐阜を訪れ、信長に布教の自由を保障してほしいと直訴《じきそ》した。

信長はこれを快諾《かいだく》し、

「内裏も公方《くぼう》も気にするには及ばぬ。すべてのものは余《よ》の支配下にあり、余の命に従っておればよい」

高らかにそう宣言したのである。

もうひとつは山門領《さんもんりょう》の問題だった。

信長は六角義賢を追放した後に近江の南半国を支配下におさめていたが、ここには比《ひ》叡山延暦寺《えいざんえんりやくじ》の所領《しょりょう》が多数散在していた。

領国の一円支配をめざす信長は山門領を次々と押領《おうりょう》したために、比叡山座主《ざす》応胤《おういん》入道親王は朝廷に訴えて所領を返還させようとした。

朝廷が拠って立つ中世的な価値観から見れば、非は当然信長にある。

そこでこのような押領がつづくならば、「台嶺《たいれい》（比叡山）破滅におよび朝廷たちまち退転の条、歎《なげ》き思《おぼ》し召《め》す所なり」と、強い調子で返還を迫る綸旨を出したが、信長は善処すると言うばかりで何ら実行しようとはしなかった。

信長をおびき出した前久の計略

こうした対立をはらみながら、波乱の元亀《げんき》元年（一五七〇）が幕を開ける。

この年の四月二十日、信長は朝倉義景《よしかげ》を討つために越前に出陣する。

正親町天皇は二十五日に内侍所《ないしどころ》で千度《せんど》祓《ばら》いを、二十八日には石清水《いわしみず》八幡宮《はちまんぐう》で神事を行なって戦勝を祈願したというが、信長は浅井長政の突然の裏切りによって撤退を余儀《よぎ》なくされた。

六月二十八日、信長は姉川の戦いに大勝して浅井・朝倉への宿意を晴らすと、返す刀で三好三人衆を討つべく河内《かわち》、摂津へと出陣する。

これは将軍義昭を総大将とした負けるはずのない戦《いくさ》だったが、九月十二日になって突然石山本願寺が反旗をひるがえし、一向一揆《いっこういっき》の軍勢がいっせいに信長軍に襲いかかった。

しかも姉川の敗戦以来なりをひそめていた浅井・朝倉軍三万が南近江に乱入し、宇佐《うさ》山《やま》城を守る織田信治《のぶはる》や森可成《よしなり》を血祭りに上げた。

このはさみ討ち作戦は、石山本願寺に潜伏していた近衛前久が顕如《けんにょ》を動かして実現したものにちがいない。

かく言う根拠は、この年八月十二日付で前久が島津《しまづ》貴久《たかひさ》にあてた次の書状にある。

〈はやばや帰洛せしむべきの由《よし》、再三申し越《こ》し候《そうろう》といえども、いったん面目を失い候間、今に至《いた》りては覚悟に及ばざる由、申し放し候。しかれば江州《ごうしゅう》南北、越州《えっしゅう》、四国衆ことごとく一味せしめ候て、近日拙身《せっしん》も出張せしめ候。すなわち本意を遂ぐべく候〉

朝廷から早く帰洛するよう再三申し入れてきたが、義昭、信長との協調路線を取る主流派との方針がちがうことがはっきりした以上、もはや妥協はできないと突き放した。

この上は江州南北の浅井、六角、越州の朝倉、四国の三好三人衆をことごとく身方《みかた》にし、近日自分も出陣して本意を遂げるつもりである。

およそそんな意味である。

本意とは義昭、信長を追放して朝廷に返り咲くことを指している。たとえ正親町天皇に弓引くことになろうとも、戦に勝ちさえすれば何とでもなる。前久はそこまで腹をくっていたのである。

この書状が信長出陣の十日も前に記されていることにご注目いただきたい。

前久は三好三人衆とはかって義昭と信長をおびき出し、南北から挟撃《きょうげき》してせん滅しようと狙っていたのだ。

そうした確かな計略があったからこそ、本願寺顕如も挙兵を決断したのである。

うかつなことに信長は、前久の計略をまったく察知していなかった。

九月二十三日にあわてて京都に逃げ戻ったものの、四方を敵に囲まれて岐阜に戻ることもできない窮地に追い込まれた。

その上山門領の問題で対立していた比叡山までが、反信長の旗幟を鮮明にしたのである。

絶体絶命のピンチに立たされた信長は、なりふり構わず正親町天皇の袖にすがった。天皇に勅命《ちょくめい》を出してもらうことによって、浅井、朝倉や比叡山に和睦《わぼく》を承諾させたのである。

この時信長は、山門領は以前のように返還するという誓書を差し出し、近江は浅井氏と六角氏が領有することを認めている。

これによって信長の勢力範囲は上洛以前と同じ程度にまで縮小されたが、窮地を切り抜けるにはやむを得なかったのである。

十二月十四日、虎口《ここう》を脱した信長は無念のほぞをかみながら岐阜へと引き上げた。

勅命も誓書も反古《ほご》にして比叡山を焼き討ちにするのは、それからわずか九カ月後のことである。

織田信長の覇業を陰から支えた元関白

水面下で進められた信長包囲網の再構築

織田信長と近衛前久――。

公武を代表する二人の傑物の相克《そうこく》によって本能寺の変は引き起こされ、信長は葬り去られる運命をたどった。筆者はそうした視点から論を進めてきた。

両者の第一回目の対決は、足利義昭を奉じて上洛した信長に対して、石山本願寺に潜《せん》伏《ぷく》した前久が元亀元年（一五七〇）に仕掛けた包囲網だったが、信長は義昭を調停役として正親町天皇に和議の勅命を出させることによってかろうじて危機を脱した。

ところが信長には勅命を順守する気などさらさらなく、いったん岐阜へ引き上げて陣容を立て直すと、近江に再び侵攻し、浅井、朝倉の身方となった比叡山を焼き討ちにする。

このことに面目を潰《つぶ》された義昭は、信長と袂《たもと》を分かつ決意をし、水面下で信長包囲網の再構築を進めていった。

前回の浅井、朝倉、六角、石山本願寺に加え、甲信駿の三カ国を領する武田信玄を身方に引き入れることに成功したのである。

この策略が義昭一人の力で成ったとはとても思えない。義昭の従兄弟であり義兄でもあった前久が、黒幕となって糸を引いていたにちがいない。

それを証明する史料はないが、この時期前久は石山本願寺を出て河内の若江《わかえ》城に身を寄せている。それと軌《き》を一《いつ》にして、信長方だった若江城主三好義継《よしつぐ》が包囲網に加わったことや、前久自ら一乗谷《いちじょうだに》の朝倉義景を訪ねていることなど、彼の旺盛《おうせい》な策士ぶりを示す状況証拠は多い。

元亀三年（一五七二）三月には、義景の娘と本願寺門跡顕如の子教如《きょうにょ》との結婚が決まり、包囲網はいよいよ強化されたが、この縁組をまとめたのも前久だったはずである。

何しろ教如は、本願寺の後継者となるために前久の猶子になっていた（皇族や五摂家《ごせっけ》の出身者しか門跡寺院の門主《もんしゅ》にはなれない）のだから、前久は本願寺に対して絶大な影響力を持っていたのである。

布石《ふせき》を終えた反信長連合が行動を起こしたのは、縁組から七カ月後のことだった。

窮地を救った二度目の勅命和議

元亀三年十月三日に大軍をひきいて甲府を発した武田信玄は、富士川ぞいに駿河《するが》へ出、十一月十九日に遠江《とおとうみ》の要衝《ようしょう》二俣《ふたまた》城を攻め落とした。

一方、山県昌景《やまがたまさかげ》がひきいる別働隊は伊那谷《いなだに》から奥三河《おくみかわ》に進出し、秋山虎繁《とらしげ》の軍勢は東《ひがし》美濃《みの》の守りの要《かなめ》である岩村《いわむら》城を攻め落とした。

つづいて十二月二十二日には、三方ヶ原《みかたがはら》の戦いで徳川、織田連合軍を撃破したのである。

もしこの時、浅井、朝倉軍と伊勢《いせ》長島の一向一揆が西から美濃に攻め入っていたなら、信長の命運も尽きていたかもしれない。

ところが朝倉義景が独断で一乗谷に引き上げたために、包囲網の一端がくずれたのだった。

それでも信長の窮状は変わらない。このことに勇躍した義昭は、翌年二月に京都近郊の被官人《ひかんにん》に檄《げき》を飛ばして挙兵した。

若江城の三好義継や大和多聞山城《やまとたもんやま》の松永久秀が将軍方に参じたのも、この頃のことである。

遠江に布陣《ふじん》したまま越年した武田信玄は、すでに重病をわずらっていたが、その情報は都には届いていない。義昭は虎の威を借りて信長を攻め立て、信長はまたしても和議の勅命を出させようと必死の工作をつづけていた。

ところが信長には先の勅命を踏みにじった前科があるので、朝廷はなかなか応じようとしない。苛立《いらだ》った信長は三月二十九日に上洛し、四月四日には洛中に火を放って上《かみ》京《ぎょう》を焼け野原にした。

あわてた朝廷は、翌日関白二条晴良《はるなが》らを勅使として、和議の勅命を伝えた。義昭側もこれには逆らえず、四月七日に和議が成ったのである。

勅命によって窮地を救われたのはこれが二度目だが、前回同様信長には順守しようという気持ちはまったくない。

四月十二日に信濃《しなの》の駒場《こまば》で信玄が没し、東からの脅威がなくなると、七月十八日に槇《まき》島《しま》城の義昭を攻めて追放した。

ここに足利幕府は実権を失い、信長が天下人の座につく道が開けたのである。裸同然となった義昭は若江城に落ちのびている。おそらく前久を頼ったのだろうが、黒幕前久は義昭を庇《かば》って馬脚《ばきゃく》を現わすほど愚かではない。

さっさと若江城を出ると、丹波氷上《たんばひかみ》郡の黒井《くろい》城へ移った。城主の赤井直正《あかいなおまさ》は、丹波平定を進める明智光秀軍に頑強に抵抗をつづけている。直正の妻は前久の妻の妹という縁もあったので、しばらくここに潜《ひそ》んで再起を期すつもりだったのである。

前久と信長、明智光秀の仲介で和解

二年後、前久と信長は突然和解する。

天正三年（一五七五）六月二十八日、前久は信長の奏請《そうせい》によって勅勘《ちょっかん》（天皇の勘当《かんどう》）をとかれ、無官ながら朝廷への復帰を果たしたのである。

このことから、前久が敵対していたのは将軍義昭であって信長ではなかったと見る向きもあるが、そうではあるまい。

二人とも百戦錬磨《れんま》の策士だけに、前久は朝廷内での地位を回復するために、信長は石山本願寺に対する前久の影響力を利用するために、手を結んだ方が得だと算盤《そろばん》をはじいたのだ。

二人の仲介をしたのは、おそらく明智光秀だろう。光秀が十三代将軍足利義輝の被官人だったことは、今や史学界の定説になりつつある。その頃に前久とも交流があったことは充分に考えられる。

前久が丹波の黒井城に身を潜めたのも、いつかは光秀を通じて信長との和を計ろうという深謀遠慮《しんぼうえんりよ》があってのことではないだろうか。

時に前久四十歳、信長は四十二歳である。

士《し》は士を知るというが、これからの二人はまるで幼時からの親友のような蜜月《みつげつ》時代に突入する。

この年九月、前久は信長の依頼を受けて九州に下向《げこう》し、島津氏と信長の調停役《ちょうていやく》をつとめる。

いかに五摂家筆頭近衛家の当主とはいえ、無官の公家《くげ》にそのような力があるのかと思われる方もあろうが、実は厳然としてあった。

薩摩、大隅《おおすみ》両国から肥後《ひご》、日向《ひゅうが》の南部にまでまたがる島津荘《しょう》は、かつて近衛家の荘園《しょうえん》だった。そこに地頭《じとう》として赴任したのが島津家の祖忠久《ただひさ》で、以来両家は主従に近い関係を保ってきたのである。

前久の薩摩滞在は天正五年（一五七七）二月まで、実に一年半の長きにわたっている。この間に前久は島津家と肥後八代《やつしろ》の領主相良義陽《さがらよしひ》との和睦を仲介したり、島津義久《よしひさ》に和歌の奥儀《おうぎ》「古今伝授《こきんでんじゅ》」をさずけたりしている。

これに対して島津家でも歌会《うたかい》、花見、馬追い、連歌、馬揃《うまぞろ》え、川遊び、犬追い、瀬引《せび》き、笠懸《かさが》けなど、さまざまの趣向をこらして前久をもてなした。

その際にも前久は、公家文化の担《にな》い手として諸芸の範《はん》を示した。これが島津家の文化的素養を高め、ひいては他家から一目おかれることにもなったのである。

乗馬や鷹狩りの腕も一流

前久の影響力は旧幕府勢力や島津家、石山本願寺ばかりか、朝廷を権威の中心とした中世的勢力のほとんどに及んでいる。

そうした力を駆使《くし》して、前久は中世的世界の打破をめざす信長のために尽力したのである。

今日にたとえるなら、外交におけるロビイストがこれに近い。それが信長にとってどれほど役に立ったかは、前久への厚遇《こうぐう》ぶりを見れば瞭然《りょうぜん》とする。

天正三年（一五七五）には三百石を与え、翌々年閏七月には前久の次男信尹の烏帽子《えぼし》親《おや》として元服に立ち会っている。

天正六年（一五七八）には山城《やましろ》普賢寺《ふげんじ》の千五百石の近衛家旧領を復し、翌年には二条御所の近くに別邸を与えている。

政治的な働き以上に信長を喜ばせたのは、前久が乗馬や鷹狩りでも一流の域に達していたことだ。

信長の馬と鷹好きは有名だが、前久も乗馬、馬や馬具の見立て、鷹狩りの作法まで、あらゆる方面に精通していた。

後に前久は、鷹狩りについての和歌百首を集めた『龍山公鷹百首《りゅうざんこうたかひゃくしゅ》』を残している。これは鷹の種類や鷹狩りの作法、装束《しょうぞく》、道具について歌った鷹狩りの秘伝書というべきもので、豊臣秀吉や徳川家康がテキストとして秘蔵したほどである。

このように信長と前久は、趣味の上でも同好の士であった。しかも際《きわ》どくせり合う仲だけに、信長は前久に夢中になった。

そのことは前久にあてた手紙に、「ふと上洛申し候《そうら》わんまま、面謁《めんえつ》をもって申し述ぶべく候」と記していることからもうかがえる。信長にとって前久は、ふと思いついたり暇ができた時に訪ねたいほど親しい存在になっていたのである。

天正七年（一五七九）十一月、信長は正親町天皇の皇太子誠仁親王に二条御所を献上し、同月二十二日に移徙《わたまし》が行なわれた。

誠仁親王を自家薬籠中のものとなし、やがては朝廷さえも意のままにしようと狙ってのことだが、この時行列の先導をつとめたのが近衛前久だった。

信長はそうすることで前久を公家社会の最高位に復させてやり、両者の協力関係が強固であることを内外にアピールしたのである。

にわかに中止された石山本願寺との和議

石山本願寺との戦いは、天正六年（一五七八）になって重大な局面を迎えた。

同年二月に播磨《はりま》三木《みき》城の別所長治《べっしょながはる》が毛利輝元《もうりてるもと》と通じて挙兵し、十月には摂津伊丹《いたみ》城の荒木村重《むらしげ》が反信長の旗幟を鮮明にした。

このために摂津一国と丹波、播磨の一部が反信長方となり、毛利や石山本願寺と結んで強固な陣営を作り上げた。

あわてた信長は何とか村重を翻意《ほんい》させようと手を尽くしたが、すでに本願寺顕如と盟約の起請文《きしょうもん》をかわしていた村重は頑《がん》として応じない。

このままでは播磨に進駐していた羽柴《はしば》秀吉が東西から挟撃されかねないという危機に直面した信長は、またしても勅命和議によって切り抜けようとした。

十一月四日、京都所司代《しょしだい》村井貞勝《さだかつ》は武家伝奏《ぶけてんそう》の勧修寺晴豊《かじゅうじはれとよ》をたずね、只今すぐに大坂に下《くだ》って和平調停を取りまとめよと迫った。

晴豊ら三人の勅使はただちに大坂に向かい、翌五日には本願寺との交渉を始めた。この席で本願寺側は、同盟者である毛利氏の了解を取った上での惣赦免《そうしやめん》でなければ応じられないと主張した。

惣赦免とは全面的和平のことで、荒木村重や別所長治らの処遇にも配慮したものである。

三人の勅使は十一月二十六日に安芸《あき》に下向し、毛利輝元と交渉にあたる予定だったが、この工作はにわかに中止された。

十一月六日、木津《きづ》川口での海戦で九鬼《くき》水軍の鋼鉄船が毛利水軍に大勝し、本願寺への兵糧《ひょうろう》、弾薬の供給が止まった。

十一月十五日には高槻《たかつき》城の高山右近《うこん》が、二十四日には茨木《いばらき》城の中川清秀《きよひで》が信長方となった。

こうした有利な戦況に意を強くした信長は、これまでの経過を一切無視して交渉の依頼を取り下げたのである。

滅亡に瀕した本願寺を救う

棚上げにされていた交渉が再開されるのは、天正八年（一五八〇）一月のことだ。

これはおそらく信長側が望んだのではなく、天皇や近衛前久が滅亡に瀕《ひん》した本願寺を救おうとして進めたことにちがいない。

前久らも信長の走狗《そうく》になり下がっていたわけではなく、近世を切り開こうとする信長との妥協点を必死にさぐり、旧勢力の温存に腐心していたのである。

戦況が絶対的に有利だったにもかかわらず、信長がこの和議を受け入れたのは、盟友、前久の顔を立てるためと、本願寺の施設を無傷で手に入れたかったからだろう。

三月一日、正親町天皇の和議の勅命が下り、朝廷から庭田大納言重保《にわだだいなごんしげやす》と勧修寺晴豊が勅使として大坂に下向した。

この時前久も仲介役として立ち会い、信長方からは松井友閑《ゆうかん》と本願寺攻めの責任者だった佐久間信盛《さくまのぶもり》が同行した。

同十七日、信長は七カ条の講和条件と、これを順守することを誓う血判誓紙《けつぱんせいし》を二人の勅使に差し出した。

七カ条は次の通りである。

一、惣赦免の事
一、天王寺北城《てんのうじ》、まず近衛殿の人数を入れ替え、大坂退城の刻、太子塚《たいしづか》をも引き取り、この度《たび》の使衆《つかいしゅう》（勅使）を入れ置くべき事
一、人質《ひとじち》、気遣《きづか》いのために遣わすべき事
一、往還の車馬、先々のごとき事
一、賀州《がしゅう》二郡、大坂退城以後、如在《にょざい》なきにおいては返し付くべき事
一、月切れ（退去の日限）、七月の盆前に究《きわ》むべき事
一、花熊《はなぐま》、尼崎《あまがさき》、大坂退城の刻に渡すべき事

第二条に「近衛殿の人数を入れ替え」と記されているように、前久は配下の軍勢を持ち、中立を保った平和維持部隊として働いていたのである。

第四条ではこれまでのごとく門徒の往来の自由を認め、第五条では織田軍が占領して

いる加賀《かが》国の江沼《えぬま》、能美《のみ》の二郡を返還してもよいとまで申し出ている。

このあたりが硬軟両策を使い分ける信長の見事さだが、交渉はすんなりとは進まなかった。

加速する天下統一と公武の軋轢

顕如はこの条件を受け入れて四月九日に紀州雑賀《きしゅうさいか》（和歌山市）に移ったが、教如らが徹底抗戦を主張して籠城《ろうじょう》をつづけたからだ。

教如は前久の猶子である。

前久は信長に急《せ》かされて説得をつづけ、七月二十四日には教如あてに安全を保証する誓紙を送っている。

誓紙には三カ条の覚書《おぼえがき》を添え、本願寺住持としての教如の身分、諸末寺《まつじ》の還住《げんじゅう》と寺領、籠城派の生命と往還の自由、以上の三点を保証すると約している。

教如はこの条件をのみ、八月二日に本願寺を退去したが、信長が望んだ寺の施設は無傷では手に入らなかった。

寺内町《じないまち》から出火した火事が寺の伽藍《がらん》に飛び火し、蓮如《れんにょ》以来八十余年の繁栄を誇った浄《じょう》土真宗《どしんしゅう》の都は、三日三晩にわたって燃えつづけたのである。

本願寺を下したことで信長の天下統一は一挙に加速するが、統一が近づくにつれて公武の軋轢《あつれき》はますます強まり、ついには本能寺の破局を迎えることになる。

その過程で、信長と前久の間にどんな事件が起こったのか？

次項ではその足跡をたどってみたい。

織田信長を葬り去った闇の人脈

公武の両権を掌握する

天正八年（一五八〇）八月に石山本願寺を下し、天下統一が目前に迫ると、織田信長は統一後にどのような政権を打ち立てるのかという選択を迫られた。

源頼朝や足利尊氏のように将軍となって幕府を開くのか。それとも平清盛のように朝廷の要職につき、帝の権威を背景として天下に号令するのか。

信長の目的である天下布武《ふぶ》。武によって天下を治めるという目的を達するには、将軍になって幕府を開く方が理にかなっている。

ところが将軍は天皇から任命されたものなので、将軍となっただけでは朝廷（公家）の風下に立たざるを得なくなる。

おそらく信長は天下布武の印章を用い始めた頃から、この問題の解決に頭を悩ましていたのだろう。そして達した結論が、天皇の上位に立つ存在となって公武の両権を掌握《しょうあく》するという方法だった。

まず幕府を開いて将軍となり、数年のうちに嫡男信忠《ちゃくなんのぶただ》に将軍職をゆずる。そうすれば朝廷の干渉を受けることなく、幕府を意のままに動かすことができるのである。

朝廷を支配下におくためには、猶子としていた五の宮を皇位につけるという方法があった。そうすれば信長は名目的には天皇の父ということになり、太上天皇となって院政を行なうことが可能になるのである。

こうした地位に挑戦した男が、史上ただ一人だけいた。日本国王と称した足利三代将軍義満《よしみつ》である。

義満は三十七歳で将軍位を嫡男義持《よしもち》にゆずり、次男義嗣《よしつぐ》を親王に準じて内裏で元服させ、やがては皇位につけようとした。ところが野望の実現を目前にしながら、五十一歳で急死したのである。

天下布武への周到なシナリオ

信長の布石は、すでに天正七年（一五七九）に打ってあった。皇太子誠仁親王の五の宮を猶子とし、親王一家に二条御所を献上したのである。

これは尊皇の志から発した行為だと評されがちだが、二条御所に誠仁親王を移した前例を作っておき、五の宮を皇太子にした後に安土城内に移そうという冷徹な計算が信長にはあった。

朝廷では前例のないことには応じないという鉄則があるが、前例さえあれば要求を拒否することはできなくなる。信長は長年の朝廷との交渉によって、そのことを知りつくしていたのである。

五の宮を皇位につけるには、まず誠仁親王を即位させなければならない。そこで信長は天正九年（一五八一）二月、左大臣に就任する交換条件として正親町天皇から誠仁親王への譲位を求めた。

二月二十八日に数万の軍勢を集めて内裏の間近で馬揃えを行なったのは、譲位に応じよという無言の圧力である。

ところが信長の意図を察した誠仁親王が、強硬に譲位に反対した。ここで求めに応じたなら、即位の翌日に五の宮に譲位せよと迫られても断ることができなくなるからだ。

親王の反対に業《ごう》を煮やした信長は、三月五日に再び馬揃えを行なって脅《おど》しをかけたが、親王もまなじりを決してゆずろうとはしない。

この対立は結局、「今年は金神《こんじん》ゆえに譲位は日延べする」という玉虫色の妥協案によって決着がはかられた。

金神とは陰陽道《おんみょうどう》でまつる金気《かなけ》の精《せい》で、殺伐を好むおそるべき神とされている。その年の干支《えと》によって忌《い》むべき方位が定まっていて、辛巳《しんし》の天正九年は子《ね》、丑《うし》、寅《とら》、卯《う》の方角が不吉とされる。

誠仁親王が即位すれば、二条御所から丑（北東）の方角にある内裏へ移徙することになり不吉である。そこで譲位とは決するものの、実行は来年まで見合わせるというものだ。

この妥協案が公武どちらから出されたかについては、史学界でも解釈が分かれている。従来は朝廷が苦しまぎれの姑息《こそく》な手を使ったという説が有力だったが、近年では信長の側から申し入れたという説を取る方々も多くなっている。

当時の文書などの詳細な検討によってやがて結論が出されるだろうが、筆者は朝廷の側から申し入れたのではないかと考えている。

金神などという口実を、因習を打破しようとしてきた信長が用いるとは思えないからだ。

しかも信長側から提示したのなら、二条御所から内裏への移徙を前提になどしないはずである。なぜなら二条御所で誠仁親王を即位させた方が、将来五の宮を安土城内で即位させるためにも都合がいいからだ。

おそらく誠仁親王は、信長が譲位を強行するなら非常の手段を用いると通告したのではないだろうか？

その手段とは五の宮を信長の猶子とした縁組の破棄、あるいは七歳になる五の宮を廃《はい》嫡《ちゃく》することだ。そうすれば五の宮を即位させることは不可能になり、信長の計略は挫折することになる。

あるいは五の宮の命さえ危ぶまれるような切迫した事態に立ち至っていたのかもしれない。

そこで信長は朝廷の申し入れを受け入れざるを得なくなり、誠仁親王から五の宮を引き離す必要を痛感した。

安土城内に内裏の清涼殿と酷似した建物を作ったのは、そのためではないだろうか。

前久も同行した武田討伐

天正九年九月、信長は伊賀《いが》国の平定を終えた。

当時伊賀の人口は八万人と推定されている。その国に五万もの軍勢を送り込み、国の四方を封じて老若男女をなで斬りにした。

翌十年（一五八二）三月、武田討伐に成功。

織田信忠を大将とする五万の軍勢は伊那《いな》口から、徳川家康軍三万は駿河から、北条氏《ほうじょうう》政《じ》軍三万は関東方面から甲斐《かい》、信濃に攻め込み、一月たらずで武田勝頼《かつより》を滅ぼした。信長自身も七万の兵をひきいて進発しているので、総兵力は十八万余。後に秀吉が行なった小田原征伐のさきがけとなる大動員だった。

甲斐の平定を終えた信長は、四月十日から富士遊覧の旅に出る。

徳川家康の案内で甲府から駿河へと下り、東海道を西上して安土城へ戻った。十二日間にも及ぶ生涯最後の大旅行だが、これは何も物見遊山《ものみゆさん》が目的ではない。

朝廷では古来より、征夷大将軍《せいいたいしょうぐん》の位は東国を平定した者でなければ与えないという不文律がある。信長はその条件を満たしたことを、富士遊覧の旅によって天下に示したのである。

武田討伐には、近衛前久も公家陣参衆をひきいて同行している。太政大臣《だいじょうだいじん》に就任していた前久を同行させることによって、信長は武田討伐が私戦ではなく朝廷の命による征伐だという名分《めいぶん》を調えたのだ。

だが皮肉なことに、二人の蜜月はこの征伐によって終りを告げた。原因は信長が恵林《えりん》寺《じ》を焼き討ちしたことにある。

決裂の原因となった恵林寺焼き討ち

恵林寺の快川和尚《かいせんおしょう》は武田信玄の師であり、正親町天皇から国師号を授与された高僧だが、信長は和尚らを楼門《ろうもん》に追い上げて焼き殺すように命じたのである。

この時和尚が「心頭滅却《しんとうめっきゃく》すれば火もおのずから涼《すず》し」といって従容《しょうよう》と死についたことはよく知られているが、国師号をさずけられた僧を焼き殺すことは、天皇の権威を真っ向から否定するに等しい。

おそらく前久は、この悪鬼《あっき》のごとき所行《しょぎょう》を見て信長と袂を分かつ決意をしたのだろう。富士遊覧の旅には同行せず、木曽路《きそじ》を通って都に戻った。

同行すべきかどうかたずねた前久に、信長は馬上から「近衛、わごれなんどは木曽路を上らしませ」と言ったと『甲陽軍鑑《こうようぐんかん》』は伝えている。

さりげなく差し込まれたこのエピソードが、実は本能寺の変の幕開きを告げる序章となった。都に戻った前久は、各方面に連絡をとって信長謀殺計画をねり始めたのである。

一方、四月二十一日に安土城に戻った信長は、京都所司代の村井貞勝を通じて朝廷に三職推任の要求を突き付けた。

三職とは関白、太政大臣、将軍のことで、前年の左大臣推任より格がひとつ上がっている。

この申し出を受けた朝廷では、さっそく安土に勅使を送って三職に推任することを伝えることにしたが、信長はこれだけでは満足しなかった。

前年の譲位を誠仁親王の反対によって反古にされた苦《にが》い経験があるために、親王にも同意の一札《さつ》を入れるように求めたのである。

親王は当然抵抗しただろう。だが信長の強硬な要求に押し切られ、次のような文をしたためざるを得なくなった。

〈天下いよいよ静謐《せいひつ》に申し付けられ奇特《きとく》に候、日を経《へ》てはなお際限なき朝家《ちようか》の御満足、古今比類《ひるい》なき事候《そうら》えば、いかようの官にも任ぜられ、油断なく馳走《ちそう》申され候はん事肝要《かんよう》に候、余りのめでたさのまま、御乳《おち》（親王の乳母《うば》）をさしくだし候〉

この文を持った親王の使者と正親町天皇の勅使が五月四日に安土城に着いたが、信長はさんざん待たせたあげくに回答を保留した。

左大臣推任の時と同じように、誠仁親王への譲位を終えてから就任すると返答するつもりだったのである。

室町幕府再興の謀計

なぜ譲位が先でなければならないのか？

それはおそらく、新天皇の任命責任を問う口実を作っておきたかったからだろう。そうすれば自分が将軍を辞《や》める時に、新天皇にも譲位を迫ることができるからだ。

信長が描いた政治日程をフローチャート式に示せば、次のようになるはずである。

誠仁親王への譲位→将軍就任→将軍辞任と新天皇退位→五の宮即位→信忠将軍就任
こうして太上天皇となり、天皇と将軍の上位に立って天下布武を完成させるつもりだったのである。

これを阻止するために前久がねり上げた計略は、信長を討った後に足利義昭を都に呼び戻し、幕府を再興するというものだった。

義昭は天正元年（一五七三）に信長から追放された後、毛利家に庇護されて備後《びんご》の鞆《とも》に隠棲《いんせい》していたが、将軍位は保ったままである。

これを呼び戻すという大義《たいぎ》名分を立てれば、旧幕府勢力を結集することができるし、毛利家や関東管領《かんれい》家である上杉家を身方にすることができる。

中でも前久がもっとも期待したのが、細川藤孝《ふじたか》と明智光秀だった。足利義輝の近臣だったこの二人とは旧知の間柄で、義輝が松永弾正《だんじょう》らに討たれた後に義昭を擁立《ようりつ》するために奔走《ほんそう》した仲でもあった。

だが前久が表立って動けば、謀《はかりごと》を察知されるおそれがある。信長を油断させるためにも、前久は従順な犬のように振舞う必要がある。

そこで前久が連絡役としたのが、吉田神社の神官吉田兼和《かねかず》（後の兼見《かねみ》）だった。

兼和は細川藤孝とは従兄弟である。また妻の兄である佐竹出羽守《さたけでわのかみ》は、明智光秀の側近なので、二人と頻繁《ひんぱん》に連絡をとってもそれほど疑われるおそれはない。

かくして本能寺の変の謀計は、水面下で深く静かに進行していった。

前久と秀吉が手を結ぶ

前久の計略に、羽柴秀吉は加わっていたのか？

そのことを明かす史料はないが、前後の状況からみれば果てしなく黒に近い。

事前に本能寺の変が起こることを知っていなければ、中国大返しなどという奇跡を演じることはできなかったろうし、前久らの秘密を握っていたからこそ、変の後に朝廷を脅しつけていいように利用できたと思うのである。

光秀が信長を首尾《しゅび》よく討ったとしても、当時大坂には織田信孝《のぶたか》を大将とする四国討伐軍三万がいた。もしこの軍勢が光秀軍一万三千に襲いかかったなら、計略は瓦解《がかい》するおそれがある。

そのことに不安を覚えた前久は、ひそかに秀吉に密使を送って抱き込もうとした。秀吉はいったんこれに応じたものの、土壇場《どたんば》になって信孝軍とともに光秀を討てば天下が転がり込んでくると算盤をはじいた。

そこで前久の計略に加担しているふりをして毛利軍と和睦し、中国大返しにかかった。そう考えれば、毛利軍が秀吉軍を追撃しなかった理由もすんなりと納得できるのである。

仰天《ぎょうてん》したのは前久である。

秀吉軍と信孝軍がひとつになって攻めて来たなら、身方には万にひとつの勝ち目もない。そこで光秀一人に責任を押し付けて知らんふりを決め込んだ。細川藤孝や筒井順慶《じゅんけい》が光秀に身方しなかったのは、このためだと思われる。

だが信孝は前久が変の黒幕だということを知っていた。そこで洛中に触《ふ》れを出して行方《ゆくえ》を捜し、嵯峨《さが》に隠れていると知って討手をさし向けたが、前久はいち早く醍醐《だいご》に逃《のが》れ、徳川家康を頼って浜松へと落ちのびた。

ところが百戦錬磨の前久は、そのまま浜松に逼塞《ひっそく》するほど柔《やわ》ではない。家康の仲介によって秀吉と和を結び、天正十三年（一五八五）には秀吉を猶子として関白職につかせるという離れ業《わざ》を演じて中央政界に返り咲いた。

本能寺の変で手を汚した二人が、互いの利益のために手を結び、変の詳細を徹底して闇に葬ったのだ。

秀吉の家臣となった太田牛一《ぎゅういち》や小瀬甫庵《おぜほあん》が『信長公記』や『太閤記』に変の真相を記さなかったのはこのためである。

改竄、抹消された変の詳細

朝廷側でも、前久の厳命によって日記類の抹消や改竄《かいざん》が行なわれた。

禁裏《きんり》の女官が記した『お湯殿の上の日記』は天正十年一月十七日以降の分が失われているし、織田家と親しかった山科言経《やましなときつね》の日記『言経卿記《きようき》』は六月五日から十二日までの分が消失している。

興味深いのは武家伝奏として信長との連絡にあたった勧修寺晴豊と、前久の右腕として陰謀を進めた吉田兼和の日記である。

晴豊の日記（『晴豊公記』）もやはり天正十年四月から六月までの分が欠けているが、晴豊は賢明にも抹消分を『天正十年夏記』と題して別途保存していた。

この配慮のお陰で、我々は巷間《こうかん》語られているような史談とはまったく異なる史実を知ることができるのだが、驚くべきことにこの『夏記』が晴豊の日記であることが論証されたのは、変から三百八十六年もたった一九六八年のことなのである。

吉田兼和は『徒然草《つれづれぐさ》』の著者として有名な吉田兼好《けんこう》の末裔《まつえい》である。その彼が天正十年一月から六月十二日まで、二冊の日記（『兼見卿記』）を残している。

一冊は正本と称する改竄したもので、もう一冊は別本と名付けた改竄前のものである。後難をおそれて日記を書き変えたものの、原本をひそかに蔵の奥にしまい込んでいたのだ。

この二冊を読み比べれば、彼らが何を行ない何を隠そうとしたのか歴然とする。参考までに、その一例をご紹介しよう。

本能寺の変後の六月六日、晴豊とともに参内し、誠仁親王から使者として明智日向守光秀のもとに下《くだり》るように命じられた時の件である。

〈日向守へ御使いのためまかり下り、京都の儀別儀なきのよう、堅く申し付くべきの旨《むね》仰《おお》せなり〉（別本）

〈日向守へ御使いのため下るべきの旨仰せなり。かしこまるの由申し入る〉（正本）

変のわずか四日後に、誠仁親王が光秀に京都の守護を依頼したのは、事前に連絡があったからとしか思えない。また、それを知られては困るからこそ、改竄後の日記ではそっくり削除しているのだ。

この日のことを、晴豊は次のように記している。

〈雨降る。のけ者、数かぎりなし。こや共かけ事の外なり。吉田めし、安土へ明智方へ勅使なり。明日まかり下り候べき由に候。巻物下され候〉(『天正十年夏記』)

誠仁親王の使いを勅使と呼んでいるのだから、親王が実質的には天皇として政務をとっていたことが分かる。

そうした立場にある者が信長殺しに関わっていたからこそ、朝廷では何が何でも変の真相を闇に葬らざるを得なかった。

そしてこのことが、その後の政局に重大な影響を及ぼすことになるのである。

第三章　大航海時代から本能寺の変を考える

隠された信長

信長のことが分かれば日本が分かる

歴史小説に取り組むようになって以来、織田信長にこだわってきた。それは一般的な意味で「好き」だからではない。なぜあんな激烈な生き方をしたのか分からないので、かえって目が離せなくなったのである。

信長にはいくつもの顔がある。うつけといわれた少年時代。父親の位牌に抹香を投げつけた自立の時。休む間もなく戦い続け、天下統一の目前までいった天才性。比叡山《ひえいざん》の焼き討ちや一向一揆《いっこういっき》の虐殺に手を染めた凶暴性。

秀吉の浮気に苦しむおねに、お前よりいい女はいないのだから嫉妬はするなと温かく諭《さと》す一面もあり、南蛮胴の鎧《よろい》を着て緋色《ひいろ》のマントをする派手さも持っている。

西洋文化に深い理解を示し、キリスト教をいち早く保護していることや、千利休を茶頭《さどう》にして「御茶湯御政道《おちゃのゆごせいどう》」を行なっていることなど、政策的なセンスも抜群である。

そして本能寺での悲劇的な最期……。

信長のことが分かれば日本が分かる。そんな予感に取りつかれて『信長燃ゆ』や『蒼き信長』など多くの小説を書いてきたが、いまだに道半ばで己の非才に打ちのめされるばかりである。

安土《あづち》城址には十数回も訪れ、信長は天主閣からどんな気持ちで眼下の景色を眺めていたのだろうと思いを巡らせてみるが、答えは容易には見つからない。

ただ、近頃信長のことが分からない理由だけは分かるようになった。それは江戸時代の史観によって戦国時代や信長を解釈してきたからだ。そのために起こった不都合は、およそ次の通りである。

江戸史観四つの誤り

①鎖国史観

戦国時代は世界の大航海時代だった。スペインやポルトガルは世界中で植民地獲得に乗り出し、その波が鉄砲やキリスト教の伝来という形で日本にも押し寄せた。信長はこれにどう対処するかという問題に直面した日本初の為政者だが、江戸時代の鎖国史観のためにこうした面はすべて封印されてしまった。

例えば本能寺の変の原因は、信長と同盟していたポルトガルが一五八〇年にスペインに併合されたことにあると私は考えている。その詳細はおいおい記していきたい。

②身分差別史観

戦国時代は空前の高度経済成長時代だった。石見《いわみ》や生野《いくの》などで産出した銀が輸出され、東南アジアからさまざまな商品が輸入された。そのために国内の流通量が増大し、商人や流通業者が重要な役割を果たすようになった。

信長はこのことをいち早く理解し、楽市楽座《らくいちらくざ》、関所の廃止、交通網の整備などを行なったが、江戸時代には士農工商の身分差別史観をとったために、商人や流通業者の活躍を不当に低く評価した。そのために商業、流通業、経済への目配りや、海外貿易への視点がない歴史が作り上げられた。

例えば火薬の原料である硝石《しょうせき》や、弾を作るための鉛は、ほとんど南蛮からの輸入に依存していた。その買い付けにあたったのは堺《さかい》の納屋衆《なやしゅう》などだが、そうした事績の大半は消されている。

③農本主義史観

戦国時代は高度経済成長をなしとげた重商主義の時代だった。安土城や大坂城、姫路城などの建築ラッシュが起こったのも、絢爛豪華《けんらんごうか》な安土桃山文化が花開いたのもそのためである。

ところが江戸幕府は米を経済の中心とする農本主義政策をとり、大名家の規模を領国の石高《こくだか》で表すようになった。加賀百万石、筑前黒田五十二万石などがその例である。

このために戦国大名の実力も領国の石高で表示し、あたかも彼らが領地を争って合戦を繰り返したかのように語っているが、これはきわめて一面的である。

戦国大名にとってもっとも重要なことは、流通路を押さえることだった。当時は水運や海運が流通の中心なので、川や海の港を押さえ、関銭《せきせん》（関税）や津料《つりよう》（港湾利用税）を徴収した。この収入は米の売買から上がる収益よりはるかに大きいので、大名たちはドル箱となる流通路を押さえようと血眼になった。

信長が安土城を築き、長浜に秀吉、坂本に明智光秀をおいて琵琶湖の流通を押さえたのはそのためだし、武田信玄が上杉謙信に阻まれながらも執拗に北上しようとしたのも、日本海に出て畿内に通じる海路を確保するためだった。

④儒教史観

江戸幕府は治政の基本理念とするために儒教を採用した。仁義礼智信《じんぎれいちしん》の五常を道徳の基本とし、修身、斉家《せいか》、治国、平天下《へいてんか》を為政者の心得とした。そして戦国大名についても、こうした人徳主義を中心に論じるようになった。

徳があったから合戦に勝てたし天下が取れたという考え方だが、戦国時代は弱肉強食、下克上《げこくじょう》の時代である。親や兄弟を殺した大名は数多いし、徳川家康は信長に命じられて正室の築山御前と嫡男《ちゃくなん》・信康を殺している。

これを儒教史観に当てはめて説明するのは無理がある。しかし幕府の意を受けた史家たちが、人徳主義で強引に戦国時代史を論じたために、政治や経済、技術などに目配りのない人物論や合戦論が主流となった。

それゆえ戦国時代の代表選手である信長の解釈もトンチンカンなものになったが、そうした史観は明治維新後も是正されることなく、今日まで引き継がれている。

江戸時代は戦国時代の真逆《まぎやく》を行くことで成立した。大航海時代から鎖国、下克上から身分固定、重商主義から農本主義、実力主義から権威主義など、社会と思想のあらゆる面で改変が行なわれた。

次からはそうした史実を踏まえ、取材の体験などもまじえて、足でつかんだ戦国時代、そして信長の実像に迫ってみたい。

信仰が人種の壁を飛び越える

留学した娘を訪ねてイギリスに行った時、一週間ほどロンドンに滞在したことがある。朝早くホテルの近くを散歩していると、教会でミサが行なわれていて「神の家です。どなたでもお入りください」という張り紙がしてあった。

イギリスでは少数派のカトリックの古い教会で、中に入ると五十人ばかりが神父の話に耳を傾けていた。貧しい身形《みなり》をした有色人種が多く、労働に明け暮れる日々の憩《いこ》いのひと時を、教会で過ごしているように見受けられた。

やがて神父の話が終わり、聖体授与《じゆよ》が行なわれた。神父が「ジーザーズボディ」と言いながら手ずから信者の口にひと切れのパンを運んでいる。その後からワインを入れた黄金の聖杯を持った神父が、「ジーザーズブラッド」と言いながら一口ずつ飲ませて回る。

これはイエス・キリストの体に見立てたパン、血に見立てたワインを口にすることで、信仰的なつながりを強めるための儀式である。

仏教徒である私が加わっていいものかどうか迷ったが、「どうぞ、ここに来て」と神父にうながされて列に並ぶことにした。

大柄の神父がパンとワインをさずけて回り、やがて私の番になった。パン切れを口に押し込まれ、聖杯を口もとにさし出される。

パンはともかく、皆が口をつけた聖杯には少し抵抗があった。いかにも貧しげな人ばかりで、どんな病気を持っているか分からないと、この場にふさわしからぬ心配が頭をよぎった。

しかし列に並んだからには、拒否するわけにはいかない。神のご加護を祈って、勧められるままにワインを口にした。

ミサが終わると、何人かが握手を求めてきた。キリストの体と血を分け合ったのだから、お互いに兄弟だ。そう言いたげな親密な打ち解けた表情をしていた。信仰が人種や言葉の壁を一気に飛び越えさせてくれた感じだった。

ミサと茶席の不思議な共通点

いい経験をさせてもらったと温かい思いに包まれながら散歩をつづけているうちに、「お濃茶のやり方は、あれにならったのではないか」という考えが脳裡をよぎった。日本にいた時には想像もしなかったが、たった今体験したミサの濃密な雰囲気は、お茶席の空気とよく似ていた。

（そう言えば……）

思い当たることがいくつかある。

ひとつは他を寄せつけないように閉ざしたお茶室。あれは同じ信仰を持った者たちが同志的な結束を誓い合うための空間ではないのか。

ひとつは皆でお濃茶を回し飲む作法。これは清潔を重んじる日本人の伝統的な感覚とはかなりずれている。

最初にお濃茶をいただいた時、これは神水《じんすい》の誓いと同じではないかと思った。昔の武士たちは一味神水《いちみしんすい》の結束を誓う時、神前で起請文《きしょうもん》を焼き、その灰を水に溶いて回し飲みした。そのやり方とよく似ているからだが、感覚的には聖杯授与の方が近いような気がする。

それに先にお菓子、次にお茶をいただくのもかなり不思議だった。普通は先にお茶、次にお菓子だろうと思うからだが、ミサの作法にならったとすれば納得がいく。

これは小説家的な勝手な想像にすぎないが、利休七哲の中にキリシタンやその関係者が多いことはまぎれもない事実である。

高山右近《うこん》は日本の洗礼親《ゴッドファーザー》の筆頭だし、蒲生氏郷《がもううじさと》も織田有楽斎《うらくさい》もキリシタンだった。細川忠興がそうだったという確証はないが、母親の麝香《じゃこう》も妻のガラシャも信者だったのだから、相当に関係は深かったと思われる。

蒲生氏郷がローマ法王に使節団を送ったという記録がある。蒲生家の子孫が保持していた『御祐筆日記抄略《ごゆうひつにっきしょうりゃく》』という覚書に、次のような記述がある。

〈山科羅久呂左衛門《ろくろざえもん》（イタリア人ロステル）、岩上伝右衛門ノ人々、同月二十一日異国ヨリ罷《まか》リ帰リ、羅馬《ローマ》ノ大僧正ヨリノ贈リモノ、即《すなわ》チ書一巻ナラビニ購《あがな》ヒ取リ来リシ小銃三十ヲ進《しんじ》ラセケレバ、氏郷卿御喜悦斜メナラズ、羅久呂左衛門へ恩賞トシテ五百石加増アリ〉

これは明治の初期に外務省が編さんした『外交志稿』にも取り上げられた記録だが、その後はあまり注目も研究もされないまま今日にいたっている。

江戸時代の鎖国史観に縛られた歴史家の目には、そんなことがあるはずがないと見えるようだが、鉄砲が伝来した一五四三年から鎖国が完成する一六三九年までおよそ九十年間、日本人は大航海時代の世界とつながりを持っていた。

その間にローマ法王に使者を送った人物がいたとしても、さして驚くにはあたらないと思うのである。

イタリアに学んだ今治城の築城技術

もう十年以上も前になるが、イタリア取材に行った時にベネチア・ビエンナーレを見た。二年に一回行なわれる芸術の祭典である。

絵画や彫刻、写真が主流だろうと思っていたが、意外なことに展示の主要な部分を占めていたのは映像作品だった。八ミリ映画やビデオ、アニメなどがくり返し流されている。

それも人間の孤独や孤立、破滅をテーマにしたものが多く、芸術家の鋭い感性には世界はこのように映っているのかと考えさせられることが多かった。

取材の目的は戦国時代の日本とイタリアの交流について確かめることだった。海を埋め立てて造ったベネチアの町は、今や地球温暖化の影響で水没の危機に直面しているが、私は埋め立てる時の工法に興味を引かれた。

海の中に石垣の囲いを作り、そこに土を入れて陸地にしていくのだが、これだけでは地盤が弱くて堅固な建物は建てられない。そこで松の木の杭を打ち込んで地盤を固めた。松は水中でも腐らずに強度を増す特性があるので、この工法に適していたのである。

これを学んで日本の築城に取り入れた武将がいる。築城の名手とうたわれた藤堂高虎《とうどうたかとら》である。関ヶ原の戦いでの手柄によって伊予二十万石を与えられた高虎は、低湿地を埋め立てて今治城《いまばり》を築いた。

高虎の任務は瀬戸内海を航行する船の監視と取り締まりにあり、城の中に船を引き入れられる海城を築く必要があった。その目的を果たすために用いたのが、湿地に松の杭を打ち込んで地盤を固める工法だった。

しかも高虎は正方形の本丸のまわりに同心的に内堀、二の丸を配する幾何学的な縄張りを行ない、天守閣は大小の枡を重ねたような層塔型《そうとうがた》にした。

従来の城はまわりの地形に合わせて建物を築いていたが、今治城では求める機能に合わせて地形を変えたのである。これはベネチアにおける建築思想や三角測量法などの技術が日本に伝わったために可能になったことだろう。

日本人の限界を打ち破った信長

イタリアを旅していて感心するのは、同じ幅の道路が真っ直ぐに延びて町と町をつないでいることだ。しかも道の両側には背の高い笠松を植え、夏の強い日射しをさえぎってくれる。

これはローマ帝国時代に四輪馬車が走るための軍用道路として整備され、やがて商人や旅人の通行に利用されるようになったものだ。

この道を通っていると、織田信長を思い出す。信長もまた幅の一定した真っ直ぐな道を築き、軍勢の迅速な移動を可能にした。しかも道の両側には木を植え、旅人が日陰で休めるようにしたと『信長公記《しんちょうこうき》』に記されている。

こうした影響は造船技術にもおよんでいる。

天正《てんしょう》元年（一五七三）五月二十二日、信長は佐和山城下で大型船の建造に着手した。船の長さ三十間《けん》（約五十四メートル）、幅七間という巨船である。この船は七月三日に完成し、七月六日に信長が出陣する際に用いている。

こんなことは和船の造船技術では絶対にできない。日本の船は航《かわら》と呼ばれる厚い板を船底材とし、これに幅の広い外板を組み合わせて船体を造っていく。

この工法では船底の強度を保てないので、長さ十六、七間までが限度である。秀吉が朝鮮出兵の旗艦として建造した日本丸が長さ十七間（約三十一メートル）だったことが、このことを如実に現わしている。

それなのに信長は長さ三十間もの船を、どうして一カ月半たらずで建造できたのか？

その答えは洋式帆船の建造技術を使ったことにある。

西洋では船底に竜骨を用い、これに肋骨《ろっこつ》のような骨組みを立てることによって、全長七十メートルに達する大型船を建造することに成功した。こうして造られたガレオン船やナウ船が、スペインやポルトガルの海外進出を可能にしたのである。

しかも竜骨や肋骨は、ひとつひとつの部材をあらかじめ造り、組み立てた後に狂いが生じないように乾燥させてから用いる。プラモデルの部品のようなもので、部材さえ完成していれば組み立てるのにさして時間はかからない。

信長はこうした建造法を用いて従来の限界を打ち破った。天下統一を可能にしたのは、いち早く西洋の技術を導入したからだと言っても過言ではないのである。

それを日本にもたらしたのは、イエズス会の宣教師やポルトガルの商人たちだが、中でも特筆すべきはナポリ生まれのアレッシャンドロ・ヴァリニャーノである。

彼の事蹟をさぐるために、私はベネチアからパドバへと向かった。

ヴァリニャーノの青春

パドバはイタリア北東部に位置する人口約二十一万人の町である。建設は何と紀元前一一八三年で、北イタリアの文化の中心地として栄え、ルネサンスを生み出す原動力となった。

町の中心にはパドバ大学がある。創立は一二二二年。コペルニクスやガリレオ・ガリレイもここで天文学を学び、従来の常識をくつがえす地動説を打ち立てた。

「完全な知識のゆりかご」と称された名門大学で、戦国時代に来日したアレッシャンドロ・ヴァリニャーノも、ここで法学博士号を取得している。

ナポリの枢機卿《すうききょう》大司教の息子として生まれ、ローマ法王パウロ四世とも親しかった彼は、大学卒業後に聖職者の道を進み、順調な出世をとげていた。

ところがパウロ四世が急逝したために庇護《ひご》者を失い、前途に暗雲がたちこめてきた。そこでパドバ大学でもう一度学び直し、法律学者の道を歩むことにした。

事件はそんな時に起こった。ヴァリニャーノは酒場でのささいな争いがもとでフランチェスキーナという女性を殴り、顔を十四針もぬう大怪我をさせて暴行傷害罪に問われたのである。

その頃彼が住んだ町の雰囲気を知りたくて、私はパドバ大学を訪ねた。バス通りに面して建つ四階建ての石造りの校舎は、想像していたよりずっと狭くて貧相だった。馬車がようやく通れそうなほどの石畳の通りには、両側にさまざまな店が建ち並んでいる。酒場や食堂やカフェもあって、市民や学生たちが思い思いに過ごしている。ヴァリニャーノが酒に酔ったあげくに女性を殴ったのもこんな店だったろうと、四百数十年前の青年の姿が目に浮かぶようだった。

己に絶望したヴァリニャーノは、キリスト教の布教に身を捧げる覚悟をしてイエズス会に入会した。そうして一五七三年に東アジア巡察師に任じられ、翌年三月にポルトガルのリスボン港を出港。途中インドでの巡察を行ない、一五七九年七月に島原半島の口《くち》之津《のつ》にたどりついた。

そこで彼は日本での布教の方針を変える数々の改革に着手したが、翌八〇年に思いもかけないことが起こった。ポルトガルとの植民地獲得競争に業《ごう》を煮やしたスペイン国王が、ポルトガル王室の混乱に乗じて併合してしまったのである。

スペインによるポルトガル併合の影響

これによってスペインは世界中に植民地を持ち、「太陽の沈まぬ帝国」と称されるようになったが、ポルトガルの支援によって世界布教に乗り出していたイエズス会は、後ろ盾を失って存亡の危機におちいった。

これを乗り切るにはスペインと新たな関係を結ぶしかない。そう決意したイエズス会は、ヴァリニャーノにスペインと織田信長との仲介役を果たすように命じた。

これは天下統一を目前にした信長にとっても必要なことだった。信長はイエズス会の仲介によってポルトガルと親交を結び、南蛮貿易によって硝石や鉛などの軍事物資を得ていた。

ところがポルトガルが併合されたために、スペインと親交を結ばなければ南蛮貿易を円滑に続けられない状況におちいっていったからである。

かくて一五八一年二月、ヴァリニャーノは信長と対面することになった。場所は洛中《らくちゅう》。信長が内裏《だいり》の東側で催した馬揃《うまぞろ》えの会場である。

これは天皇の上覧に供するという名目で開いたものだが、信長の真の狙いは馬揃え

（軍事パレード）を天皇臨席のもとで行なうことによって、この国の支配者は自分だと示すことにあった。ヴァリニャーノに己の力を見せつけることで、以後の交渉を有利に運ぼうとしたのである。

馬揃えは無事に終わり、二人は安土に席を移して交渉にのぞんだ。それから五カ月近くヴァリニャーノは安土に滞在し、スペインの要求に応じるように説得を続けた。

その時何が話し合われたのか。それを伝える日本側の資料はいっさい残っていない。信長はこの翌年本能寺で討ち取られ、安土城の天主閣も戦火にかかって焼け落ちたので、重要書類も焼失したものと思われる。

それゆえ今となっては証明するのは至難の業《わざ》だが、ヴァリニャーノの手紙などから推測すると、スペインが信長に要求したのは次の二点だろうと思われる。

一、明国征服の軍勢を出すこと

二、イギリス、オランダと断交すること

第一点、太陽の沈まぬ帝国となったスペインの次の野望は、明国を征服することだった。しかし本国から数万もの軍勢を送ることは不可能なので、信長に軍勢を出させようとした。

第二点、カトリックであるスペインは、プロテスタントのイギリス、オランダから激しい追い上げを受けて苦境に立たされていた。それゆえ日本を味方につけることで、彼らの東アジアへの進出を阻止しようとしたのである。

この威丈高《いたけだか》な要求に、信長はどう対応したのだろうか?

キリスト教禁教、イエズス会との断交

明国出兵の要求

スペインはヴァリニャーノを使者として信長に明国出兵を求めたと書いた。私がその根拠としているのは、天正十年（一五八二）十二月にヴァリニャーノがマニラのスペイン総督にあてた手紙である。少々長くなるけれども、当時の日本と世界の状況を考える

上できわめて重要なので引用させていただきたい。

〈これら東洋における征服事業により、現在いろいろな地域において、陛下（＝スペイン国王）に対し、多くのそして大きな門戸が開かれており、主への奉仕および多数の人々の改宗に役立つところ大である。これら征服事業は、霊的な面ばかりでなく、それに劣らず陛下の王国の世俗的な進展にとって益する。そしてそれらの征服事業の内、最大のものの一つは、閣下（＝マニラ総督）のすぐ近くのこのシナを征服することである。もっともそれは着手すべき時宜と条件にかなえばのことである。というのは、さもないとその企《くわだ》ては非常に危険かつ有害で、陛下のこれらの領国にとって大変な損害を招くかも知れないからである。それ故、まず必要な準備をするためには、多くの勧告と正確な情報を必要とする。そしてこれは主や陛下への奉仕にとって非常に重要な事柄であるにもかかわらず、その事業に関して持つべき真の計画なり、情報なりを授けることの出来るような者はほとんどいないので、私がこの地で得た経験をもとに、その件のために判るいくつかの主要な事柄について、閣下と相談することが出来れば大変うれしく思う〉

高瀬弘一郎氏が『キリシタン時代の研究』（岩波書店）の中で紹介しておられるこの

手紙は、これまで注目されることのなかったいくつかのことを明確に証言している。

ひとつは一五八〇年にポルトガルを併合して「太陽の沈まぬ帝国」になったスペインが、東洋における征服事業に乗り出しており、最大の目標を明国征服においていたこと。そしてもうひとつは、イエズス会がこの征服事業に協力し、計画を立て情報を提供する役割をになっていたことである。

この手紙の中で、ヴァリニャーノは日本について次のように記している。

〈日本のキリスト教会については、閣下に書き送るべきことが沢山ある。（中略）私は閣下に対し、霊魂の改宗に関しては、日本布教は神の教会の中でもっとも重要な事業の一つである旨、断言することが出来る。何故《なぜ》なら、国民は非常に高貴かつ有能にして、理性によく従うからである。

もっとも、日本は何らかの征服事業を企てる対象としては不向きである。何故なら、日本は私がこれまで見てきた中で、もっとも国土が不毛かつ貧しいゆえに、求めるべきものは何もなく、また国民は非常に勇敢で、しかも絶えず軍事訓練をつんでいるので、征服が可能な国土ではないからである。しかしながら、シナにおいて陛下が行いたいと

思っていることのために、日本は時とともに、非常に益することになるであろう。それゆえ日本の地を極めて重視する必要がある〉

この部分の主旨は、日本人はきわめて優れているので、日本での布教はバチカンにとってきわめて重要であること。日本の国土は貧しく将兵は強いので、征服するには不向きであること。そして日本がやがて明国征服事業に役立つようになることである。

スペインと決別した信長

私はパドバの酒場通りを歩きながら、酔ったあげくに女性に怪我をさせて市から追放されたヴァリニャーノにいたく同情したものだが、彼はすでに立派な宣教師兼外交官になっている。

世界的な視野を持つ彼の日本評は傾聴に値するが、日本は不毛で貧しいという報告はわざとであろう。何故なら当時の日本では石見銀山や生野銀山が開発され、世界の銀の三分の一を産出したと言われるほどのシルバーラッシュにわいていたからだ。

それを知りながら嘘の報告をしたのは、長年ポルトガルの支援を得て世界への布教を進めてきたイエズス会は、スペインに対して強い警戒心を抱き、彼らが日本征服に乗り出してくるのを阻止したいと考えていたからだろう。

それより何より重要なのは、日本が時とともに明国征服事業に役立つことになるという最後の一文である。

この手紙が書かれた天正十年十二月は、本能寺の変が起こった半年後である。

信長はヴァリニャーノが示したスペインの要求を拒否し、イエズス会と決別した。そのことは安土城内の摠見寺《そうけんじ》に自分を神として祭らせ、家臣や領民に参拝させたことで明らかである。

これはキリシタン勢力と手を切ったことを天下に知らしめ、家臣や領民にも自分に従うことを強制するための踏み絵だった。このため国内外に敵を抱えることになった信長政権は急速に揺らぎはじめ、それからわずか一年もしないうちに本能寺の変が勃発した。

明智光秀は信長を急襲して討ち取ったが、中国大返しを敢行した羽柴《はしば》秀吉に山崎の戦いで大敗して討ち取られた。

ヴァリニャーノがこの手紙を書いたのは、秀吉が天下人となることがほぼ確実になった頃である。その状況を踏まえて「日本は時とともに明国征服に益することになる」と書いたのは、どういう根拠があってのことだろうか――。

バチカンはローマ法王が住むカトリック教会の聖地である。全世界で十二億人以上という信徒の総本山であり、かつては広大な教皇領を持ち、ヨーロッパに君臨していたこともある。

私は取材で二度バチカンを訪ね、いずれもローマ法王を拝する機会にめぐまれた。最初は二〇〇二年、サン・ピエトロ広場を埋めつくした信者に説教をするヨハネ・パウロ二世の姿を、はるか遠くからながめた。

二度目は二〇〇五年、就任後間もないベネディクト十六世が、サン・ピエトロ大聖堂で行なったミサに参列させてもらった。どなたでもご自由にというので、前から五列目くらいに座っていっしょに賛美歌を歌った。

二度ともシスティーナ礼拝堂を見学した。一四八一年に完成したこの建物は、ミケランジェロが天井画や「最後の審判」を描いたことで知られている。この礼拝堂はローマ法王の執務室でもあり、イエズス会の宣教師たちもここで法王の許しと激励を受けて世界への布教に旅立っていった。

迫力に満ちたミケランジェロの絵画を前にし、ここにフランシスコ・ザビエルやヴァリニャーノも立っていたのだと思うと感慨もひとしおだった。

彼らが日本に与えた影響は、計り知れないほど大きい。その活動の光と影を正しく把握しなければ、戦国時代史は分からないと言っても過言ではないのである。

明国出兵の本当の目的

さて本能寺の変である。スペインの使者として信長に対面したヴァリニャーノは、明国征服のための軍勢を出すように要求した。ところが信長はこれを拒否し、イエズス会と断交し、キリスト教を禁じた。

このために信長政権は急速に揺らぎ始めた。理由のひとつはキリシタンだった大名や武士が、宣教師らの指示に従って反信長派になったことだ。そしてもうひとつは南蛮貿易をつづけられなくなることを恐れた堺や博多の大商人たちが、やはり反信長に回ったことである。

信長はこうした動揺をしずめるために武田征伐を強行して天下統一を急いだが、その間に都では信長打倒をめざして二つの勢力が動き出していた。

ひとつは足利幕府の再興をめざす足利義昭の一派である。義昭はかつての家臣だった明智光秀や、信長の圧迫が強まることを恐れていた朝廷の有力者（その筆頭は近衛前久《さきひさ》である）に働きかけて、信長を洛中におびき出して討ち果たす計画を立てていた。

もうひとつはこの動きを察知したキリシタン勢力である。世界中で植民地獲得のために暗躍してきた宣教師たちは、キリシタン大名たちにこの計画に加わるように命じた。義昭派と結託して当面の敵である信長を倒し、その後に義昭派を倒せば、労せずして天下を掌中にできるからだ。

この計略にひときわ重要な役割をはたしたのが、黒田官兵衛と細川藤孝（後の幽斎）だった。シメオンという洗礼名を持つ官兵衛は、秀吉の参謀として備中高松城攻めにあたっていたが、光秀による謀叛《むほん》が起こった場合にそなえて着々と中国大返しの準備を進めていた。

藤孝は義昭の旧臣であり光秀の与力大名なので、信長打倒の計画に深く関わっていたが、キリシタン勢力とも連絡を取っていた。妻の麝香がキリシタンだったので、本人も信仰に深い理解を示していたと思われる。

おそらく藤孝は義昭派の計略に加わりながら、その情報を宣教師たちにもらしていたのだろう。そして光秀を巧妙に誘導しながら、本能寺の変が起こった途端にキリシタン派に鞍替えした。

変の情報をいち早く秀吉に伝えたのは藤孝だったという『武功夜話《ぶこうやわ》』（偽書という説もあるが今は触れないでおく）の記述も、これを裏付けているように思えてならない。

かくてキリシタン派は秀吉を天下人に押し上げることによって天下を掌握《しょうあく》した。そして変から四年後には、秀吉政権に明国出兵を承諾させることに成功した。

一五八六年五月四日の聖モニカの祝日に大坂城をおとずれたガスパル・コエリョに、秀吉は次のように語った。

〈日本国内を無事安穏に統治したく、それが実現したうえは、この日本国を弟の美濃殿（羽柴秀長）に渡し、予自らは専心して朝鮮とシナを征服することに従事したい。（中略）予はシナ人を支配する以外には彼らになにも求めず、予自身シナには居住せず、彼らの領土を奪うつもりはない。シナを征服した暁には、その地のいたるところにキリシタンの教会を建てさせ、シナ人はことごとくキリシタンになるように命ずるであろう。〉（『完訳フロイス日本史4』中公文庫）

引用の後半部分を味読していただきたい。秀吉が明国征服をするのは、領土を奪うためではなく「シナ人」をキリシタンにするためだという。

これこそヴァリニャーノが記した「日本は時とともに明国征服に益するようになる」という予言の具現化だったのである。

ヴァリニャーノが送った天正遣欧使節

ローマにあるイタリア大統領の官邸を訪ねたことがある。イタリア在住の彫刻家の友人に、「信長がローマ法王に贈った安土城の屛風絵がバチカンにあるはずだが、何とか捜す方法はないだろうか」と相談したところ、ローマ大学の美術史の教授を紹介してくれた。

その教授が数日後に「屏風絵ではないが、日本人ゆかりの壁画が大統領官邸にある」と教えてくれ、それを見学できるように計らってくれた。そこで急きょネクタイを買い込み、友人と二人で官邸を訪ねたのである。

ライフルで武装した警備員が立つ表門を入ると、大統領の秘書官が壁画の描かれた一室に案内してくれた。一六一五年に伊達政宗の家臣である支倉常長《はせくらつねなが》がローマを訪れたときの様子を描いたものである。イタリアには歴史的な事件を壁画にして残す風習があり、常長の絵も当時の画家が描いたものだという。

江戸時代の初期にローマを訪れた日本人の様子が、大統領官邸に残されているのを見ると感慨もひとしおだったが、実はこれより三十年も前にローマを訪ねた日本人がいる。俗に天正遣欧使節と呼ばれる伊東マンショ、千々石《ちぢわ》ミゲルら四人である。彼らをローマに送る計画を立てたのは、本稿で何度も取り上げているアレッシャンドロ・ヴァリニャーノだった。

使節を派遣した目的は、ローマ法王とスペイン、ポルトガルに、イエズス会の日本での布教を援助してもらうこと、日本人にヨーロッパのキリスト教世界の偉大さを体験させ、以後の布教に役立てることだった。

使節団は天正十年（一五八二）一月二十八日に長崎を出港、二月十五日にマカオに着いた。この頃、ヴァリニャーノは信長との交渉に失敗し、日本における布教は暗礁《あんしょう》に乗り上げていた。それなのに将来の布教のために四人の少年を送っているのだから、事態を打開できる余程確かな見込みがあったのだろう。

そして長崎出港の約四カ月後に本能寺の変が起こり、親スペイン派となる羽柴秀吉が天下を取ったのである。

天下をとった秀吉は親スペイン派

使節団は一五八三年十二月にインドのゴアに到着。八四年八月にリスボン、十一月にマドリードに着いた。八五年三月にはバチカンでローマ法王グレゴリウス十三世に謁見《えつけん》して盛大な歓迎を受けた。

それから五年後の一五九〇年七月（天正十八年六月）に長崎に寄港。翌天正十九年閏《うるう》一月八日にヴァリニャーノにともなわれて上洛《じょうらく》し、聚楽第《じゅらくだい》において秀吉に対面した。

この時四人は西洋音楽を演奏したというが、それ以上に重要なことは、秀吉がなぜ彼らとの対面に応じたかということだ。

秀吉は天正十四年にはイエズス会の宣教師に会い、明国をキリスト教の国にするために征服すると明言した。ところが九州征伐を終えた翌年六月、突然バテレン追放令を発し、宣教師に一カ月以内に日本から出て行くように命じた。

それなのに自らヴァリニャーノと対面したのは、追放令を撤回したのも同じである。その理由と目的は何だったのか？　それを明らかにする資料も研究も寡聞《かぶん》にして目にしたことはないが、秀吉は翌年に迫った朝鮮出兵のためにイエズス会やスペインと和解し、密接な関係を築いておく必要があると考えたのだと思う。

理由は二つある。ひとつは東南アジアの交易を支配しているスペインと友好関係を保たなければ、硝石や鉛、軟鋼《なんこう》や真鍮《しんちゆう》などの軍事物資が入手できないことである。

おそらくバテレン追放令を発して以後、しばらくは明国出兵の計画も立ち消えになっていたはずである。ところが石田三成らの官僚派が政権の主導権を握り、キリシタン大名らと手を結んで朝鮮出兵を推し進めていった。

そこで秀吉はヴァリニャーノや少年使節と聚楽第で会うことで、関係修復を世に知らしめたのである。

イエズス会が朝鮮出兵に関与していたことは、『肥前名護屋《なごや》城図屏風』（佐賀県立名護屋城博物館所蔵）からもうかがえる。

講和のために明国の勅使《ちょくし》が訪れた日の様子を描いたこの絵の中に、宣教師の装束《しょうぞく》をした南蛮人の一行が同行している様子が描かれているのだ。イエズス会士とおぼしき彼らが、日本と明国の講和に同席しているのは、この出兵に深く関与していたからではないだろうか。

秀吉が明国征服を明言した天正十四年（一五八六）には、「太陽の沈まぬ国」となったスペインと同盟すれば勝てる見込みが充分にあった。ところが出兵を強行した天正二十年には、この前提は無残に崩れ去っていた。

スペインは一五八八年にイギリスとドーバー海峡で戦い、無敵艦隊の三分の二を失う大敗北を喫していた。それゆえ明国に出兵する日本を後方から支える力を失っていたのである。

ところがスペインは自国に不利な情報を日本に伝えなかったために、秀吉はこのことを知らずに出兵を強行した。朝鮮出兵の敗北は、こうした外交的失敗がもたらしたと思えてならない。

第四章 戦国大名とキリシタン

黒田官兵衛の実力とは

戦国時代はキリシタンの時代だった

先日郷里の福岡に帰った。市内で黒田官兵衛についてのシンポジウムがあり、作家の葉室麟さんと一緒に出席することになったのである。

NHK大河ドラマが『軍師官兵衛』に決まってから、私のところにも講演の依頼が来るようになった。官兵衛（如水《じょすい》）を主人公にした『風の如く水の如く』（集英社文庫）を書いているし、福岡県出身ということもあって、声がかかりやすいのである。

これまで兵庫県の姫路市や神戸市、宍粟《しそう》市など、官兵衛ゆかりの地で講演し、ついに黒田藩の本拠地に招かれたのだった。

聴衆は約八百人。二千人の応募者の中から選ばれた方々だというから、さすがに官兵衛に対する関心は高い。

最初に大河ドラマの時代考証をしておられる小和田哲男先生が基調講演。続いて筑前琵琶の名手である寺田蝶美《てらだちょうび》さんが、有岡城に幽閉されていた時の官兵衛の心情を描いた自作の曲を奏された。

次に寺田さん、女優の南沢奈央さんのコーディネートで、私と葉室さんが質問に答えることになった。南沢さんは大河ドラマで官兵衛の初恋の人であるおたつを演じられたので、ご存知の方も多いのではないだろうか。

私が官兵衛に興味を引かれたのは、彼がシメオンという洗礼名を持つキリシタンだったからだ。『風の如く水の如く』も、官兵衛が関ヶ原合戦の時にキリシタン勢力を糾合《きゅうごう》して、天下を取る策をめぐらしていたという伝承（史実？）に材を取ったものである。

キリシタン十万の兵の根拠

豊前中津城で隠居していた官兵衛は、関ヶ原の合戦が始まると独自に兵をつのり、周辺の西軍方の城を次々と攻略していった。

これは表向きは東軍の徳川家康に味方するためと装っていたが、本当の狙いは関ヶ原で東西両軍が対峙している間に九州を征圧し、加藤清正、鍋島直茂らとともに上方に向かって進撃し、関ヶ原の勝者と決戦におよんで天下を取ることにあった。

「それがしの手勢と加藤、鍋島勢を合わせて三万、それに各地の牢人どもを加えれば十万にはなろう。清正と長政を先鋒に立て、この如水が本陣にあって指揮を執れば、家康どのを足腰立たぬほどに叩き伏せることなど容易であったのだ」

如水は後にそう語ったと『古郷物語』に記されている。

一般的にはそんなことがあるものかと思われがちだが、それは江戸時代の史観に縛られて判断力が鈍っているからだ。

戦国時代はキリシタンの時代だった。フランシスコ・ザビエル以来多くの宣教師が来日し、キリスト教ばかりか最新のヨーロッパ文明を伝えた。その教えに多くの者が心酔し、キリスト教徒になった。

キリシタン大名、キリシタン商人、一般領民まで、その数は三十万人にのぼると言われている。そのうち兵士となれる者だけでも十万は下らないだろう。

彼らが洗礼親に服従する義務を負っていたことは、この稿でも以前記した通りである。そして官兵衛は当時の日本において、高山右近《うこん》に次ぐゴッドファーザーだった。

それゆえ当時前田家に身を寄せていた右近と官兵衛が組んだなら、十万のキリシタン兵を動かすことができた。官兵衛が「各地の牢人どもを加えれば十万にはなろう」と豪語したのは、決して根拠のないことではなかったのである。

関ヶ原合戦の全容

一説には前田利家もオーギュスチンという洗礼名を持つキリシタンだったというから、右近を金沢に引き取ったのは洗礼親を守るためだったと考えられる。利家の死後跡を継いだ利長が右近を追放しなかったのは、彼もキリシタンだったからではないだろうか。だとすれば前田家三万の軍勢も官兵衛に味方する可能性があったし、キリシタンのつながりでいえば奥州の雄・伊達政宗も官兵衛の呼びかけに応じ、関東に攻め入る仕度をととのえていたとしても不自然ではない。

官兵衛が起《た》ったのは、決して天下を取ろうという野心からではなかった。家康が天下人になったならキリシタン弾圧に着手することは目に見えていたし、石田三成のような小才子に天下の権を渡すことはできない。ならば自分が兵を挙げ、信じた通りの国を築こうと決意したのである。

しかし家康も、官兵衛がこうした計略をめぐらしていることを察知していた。そこで前田家や伊達家の動きを封じる策を取り、関ヶ原合戦をわずか一日で勝利に導いた。そのために官兵衛最後の大博打も不発に終わり、下げ鞘ひとつで上洛《じょうらく》して家康に頭を下げることになったのである。

この間の官兵衛と家康の手の打ち合いは、知略の限りを尽くしたスリリングなものだったろうが、その全容は幕府のキリシタン弾圧政策によって闇に葬られてしまった。拙書は家康を風、官兵衛を水と見立て、二人の対決を再現しようとしたものである。

加藤清正の経済力

熊本城の築城資金

先日熊本城をたずねた。加藤清正を祀《まつ》った加藤神社の宮司さんと親しくさせていただいていて、崇敬会総会での講演を頼まれたからである。

福岡県の生まれなので熊本城には何度も訪れているが、石垣や天守閣の壮大さと技術の高さに改めて圧倒された。

大阪城、名古屋城、姫路城など、壮大な城はたくさんあるが、熊本城の石垣の規模の大きさと扇の勾配の美しさは間違いなく日本一である。しかも特筆すべきは、清正は築城当時に肥後半国二十五万石ほどの所領しか持たなかったことだ。

大坂、名古屋は天下普請《ぶしん》だし、姫路城を築いた池田家は後に百万石ちかい所領を得てこの城を完成させたのだから、資金は潤沢にあったはずである。

ところが二十五万石といえば、領国からの収入も限られている。そのうちの三分の二ほどは家臣たちに分け与えているので、加藤家の蔵入り地（直轄地《ちよつかつ》）は八万石くらいだった。

現代に換算すれば、一石がおよそ十万円といわれるので、八十億円ほどの収入が見込める所領を持っていたということだ。そのうちの半分を税金として徴収したとして、年収四十億円になる。ところが築城を始めた天正十九年（一五九一）には、清正は肥前名《な》護屋《ごや》城の築城にも関わっており、それ以後は朝鮮出兵を命じられて一万余の兵を出陣させているので、金はいくらあっても足りなかったはずである。

秀吉も唸った「地震加藤」

それなのにどうしてこんなに巨大な城が築けたのか？

その答えは、鎖国や商人差別にとらわれた江戸時代の史観では見つからない。なぜなら清正は海外貿易によって資金を捻出し、その運用を長崎の貿易商人である原田喜右衛門尉《じょう》にまかせていたからだ。

そのことを証明する書状が『加藤清正の生涯――古文書が語る実像』（熊本日日新聞社）に収録されている。文禄五年（一五九六）閏《うるう》七月十五日、伏見にいた清正が熊本にいる重臣にあてたものだ。

二日前の十三日、畿内は大地震にみまわれ、伏見城は倒壊した。清正は伏見で謹慎を命じられていたが、城が倒壊して秀吉が窮地《きゆうち》においっていると聞き、いち早く駆けつけて秀吉を救出した。感激した秀吉は清正の手をとり、「頼りになるのはお前だけだ」と罪を許した。そのために清正は「地震加藤」と異名をとるようになった。

その二日後、余震が続く中で書いた書状で、清正はこちらは皆無事だから安心するようにと伝えた上で、領国経営に必要な指示をしている。その中に、長崎で保存している小麦を売り払い、鉛を買い付けておくようにと指示した一文がある。

それを現代語に訳すると、およそ次の通りである。

〈一、小麦は唐船に積んでいる。また原田喜右衛門尉に貸しつけているものもある。残っている分は原田と相談して売ってしまえ。その代金と夏の作物を売った代金で、南蛮船から鉛を買い付けておけ。いつも買い付けている者をつかわして、抜かりなく買うように。そのほか南蛮船から買い付ける物については、別途指示をする〉

現代の商社マンのような才覚

この書状からいくつもの重要なことが分かる。ひとつは清正が長崎在住の原田喜右衛門尉を仲介者として、さかんに南蛮貿易をしていたこと。ひとつは肥後《ひご》から輸出する主力商品が小麦だったことだ。

肥沃で水はけのいい肥後熊本の大地は小麦の生産に適していて、収穫した小麦はマカオやマニラに滞在しているポルトガル人やスペイン人にパンの原料として高値で売れた。清正はパンを焼いていたという伝承があるが、それはパンにする小麦の品質を確かめさせていたのかもしれない。

小麦を売った代金で買い付けた鉛は、鉄砲の弾を作るためのものである。本書を読んでいただいている方ならすでにご存知のことだろうが、日本での鉛の産出量は少なく、需要の大半を輸入に頼っていた。しかも当時は朝鮮出兵の最中で、鉛の不足は深刻だった。

それゆえ清正は小麦を売って鉛を買い付け、家中で使うばかりでなく、輸入ルートを持たない他の大名に高値で売ったと思われる。誰もが喉から手が出るほど欲しい品だけに、仕入れ値の二倍や三倍で売りつけることができたはずである。

このルートを持っていれば、高く売れるものはまだまだある。ひとつは火薬の原料である硝石《しょうせき》である。硝石は国内では産出せず、完全に輸入に頼っていたのだから、高値でも飛ぶように売れたことは想像に難《かた》くない。

また鉄砲の砲身の内側に使う軟鋼《なんこう》や、引き金や火挟みのカラクリの部分に使う真鍮《しんちゅう》

（銅と亜鉛の合金）も日本で作る技術はなく、すべて輸入に頼っていた。伏見の大地震の二日後に、こうした品々の買い付けを自分で細かく指示しているところに、現代の商社マンのような清正の才覚が見て取れる。

江戸時代、肥後では次のような歌が流行《はや》ったという。

〈天下法度《はっと》の八幡《ばはん》に新地、高麗みやげの砂の金、これがお城普請の元と聞く〉

八幡（倭寇《わこう》）のような海賊的密貿易や、新地（東南アジア）、高麗（朝鮮）との貿易による収入が築城の資金になったというのである。

鎖国によって海外との交易の歴史が語れなくなった時代に、真実のかけらがこんな歌によって伝えられたのだった。

北野大茶会の謎

白湯ばかり出す寺

京都市上京区の千本今出川《せんぼんいまでがわ》の交差点を西に向かうと、湯沢山茶《ゆたくさんちゃ》くれん寺《じ》という変わった名前の寺がある。正式名称は浄土院だが、京都の人々には、歴史的な由来を持つ茶くれん寺という呼び名の方が通りがいい。

豊臣秀吉は天正十五年（一五八七）十月一日に北野天満宮で大茶会を行なった折、この尼寺に立ち寄って茶を所望した。ところが応接に出た尼僧は、最初の一服は出したものの、後は白湯《さゆ》ばかりを出した。

巷説《こうせつ》では自分のように未熟な点前では、二服三服と差し上げるのは畏《おそ》れ多いと思ったからだというが、茶をもらい損ねた秀吉は腹を立て「お湯ばかり出しおって。以後は湯沢山茶くれん寺と名乗るがよい」と申し付けたのである。

いかにも庶民派だった頃の秀吉らしい愛嬌あるエピソードだが、この大茶会には大きな謎がある。というのは京都ばかりか大坂、堺、奈良、博多などに広く呼びかけ、千人以上もの数寄者を集めて十日の予定で開催しておきながら、わずか一日で中止したからだ。

これはオリンピックを一日で取りやめるようなもので、秀吉政権にとっては大失態である。いったい何故《なぜ》こんなことになったのか？　その謎を解く鍵はキリシタンをめぐる当時の政治情勢にあった。

これより四カ月ほど前、秀吉は九州征伐によって薩摩《さつま》の島津《しまづ》氏をくだし、博多に近い箱崎で九州国分けを行なった。朝鮮出兵に備えて新たな大名を配置したわけだが、六月十九日になって突然バテレン追放令を発し、棄教を拒否した高山右近の所領を没収した。

その理由については諸説あるが、もっとも大きな原因は大型軍艦を提供するという約束をイエズス会側が守らなかったためと思われる。

戦国時代のスペースシャトル

これより一年三カ月前の天正十四年（一五八六）三月、秀吉はイエズス会宣教師のコエリョと大坂城で対面し、朝鮮に出兵して明国まで征服するつもりだと明言した。

「シナを征服した暁には、その地のいたるところにキリシタンの教会を建てさせ、シナ人はことごとくキリシタンになるように命ずるであろう」（ルイス・フロイス『日本史』）

秀吉はそう語り、出兵の目的がイエズス会の意に沿ったものであることを強調したが、それにはひとつの条件があると付け加えた。

「なお予としては、伴天連《バテレン》らに対して、十分に艤装《ぎそう》した二隻の大型船《ナウ》を斡旋《あつせん》してもらいたいと願う外、援助を求めるつもりはない。そしてそれらの大型船は無償で貰う考えは毛頭なく、代価は言うまでもなく、それらの船に必要なものは一切支払うであろう」(同前)

この大型船はスペインやポルトガルが所有している大砲を装備した帆船で、彼らはこの船を建造し羅針盤を用いた航海法を開発したことによって、世界の海を制することができた。今日にたとえるなら、スペースシャトルに匹敵する存在である。

秀吉は明国征服のためには、ぜひともこの船が必要だと考え、コエリョに斡旋を依頼した。コエリョもこれを承諾したものと思われるが、九州征伐の後に秀吉と対面したポルトガル海軍司令官のドミンゴス・モンテイロは、この要求を拒否した。

大型船を箱崎に回航するように求められたモンテイロは、台風が来襲する今の季節に、平戸から船を動かすのは危険だと主張してゆずらなかった。

この交渉の過程で、秀吉は宣教師たちにだまされていたことに気付いたのだろう。それゆえいきなり追放令を出したものの、これは一種の脅《おど》しであり、大型船を手に入れるための駆け引きだったと思われる。

北野大茶会は踏み絵だった

ところがバテレン追放令は、秀吉政権を大きく揺るがすことになった。

キリスト教に帰依《きえ》した大名や家臣、領民は三十万人をこえていたという。彼らが信仰を守るために結束し、有力大名と手を組んで打倒秀吉に立ち上がったなら由々《ゆゆ》しきことである。

また、堺や博多の貿易商人の中には、ポルトガルやスペインとの交易を有利に運ぶ必要もあって、キリシタンになっていた者たちが数多くいる。彼らを味方につけておかなければ、硝石や鉛などの軍事物資の輸入に支障をきたすことになりかねない。

この問題を一挙に解決するための策が、北野大茶会だった。

神社の境内《けいだい》で行なうことにしたのは、「日本は神国たるところ、キリシタン国より邪法を授け候《そうろう》、はなはだもって然《しか》るべからず候こと」という追放令の第一条の理念に合致しているからだ。

つまりこの茶会に出席することで、キリシタンとは手を切ったと証明せよと迫ったのだから、江戸時代の踏み絵と同じである。それがなぜ茶会かといえば、堺や博多の貿易商人の多くは茶人で、茶室で商談をすることが多かった。キリシタンの可能性がある彼らに「この茶会に出席しない者は、今後茶会を開くことを禁じる」という強烈な縛りをかけて統制しようとしたのである。

それがなぜたった一日で中止になったのか？　その謎についてさらに考えてみたい。

茶室は商談、ビジネスの場

北野大茶会の目的は、キリシタンの可能性がある堺や博多の貿易商人に棄教を迫ることにあったと書いた。

その背景をご理解いただくために、茶人と貿易商人、そしてイエズス会の関係をもう一度整理しておこう。

信長や秀吉にとって、南蛮貿易をどう掌握《しょうあく》するかは天下統一の行方《ゆくえ》を左右する大きな問題だった。なぜなら鉄砲を使うために必要な硝石（火薬の原料）や鉛はほとんど輸入に頼っていたし、莫大《ばくだい》な富をもたらす生糸《きいと》や陶磁器、漢方薬なども輸入品だったからだ。

輸入の最大の拠点となったのは泉州《せんしゅう》堺であり、輸入業にたずさわっていたのは堺の納《な》屋衆《やしゅう》だった。彼らの間で早くから茶の湯が流行したのは、密室である茶室では商談がしやすかったことと、名物茶器を持っているかどうかで茶会の参加者を選別することができたためと思われる。

今日にたとえるなら、有名ゴルフクラブの会員になっているかどうかで、コース上で行なわれる商談に加われるかどうかが決まるようなものだ。この納屋衆の中から、千利休、津田宗及《そうぎゅう》、今井宗久《そうきゅう》らの茶人が現れるのは決して偶然ではないのである。

永禄十一年（一五六八）に足利義昭《あしかがよしあき》を奉《ほう》じて上洛した信長は、副将軍か管領《かんれい》に任じようという義昭の申し出を断って、堺に代官をおく権利を与えるように要求した。江戸時代の史書の中には「何と欲のない御仁《ごじん》であることかと皆が噂した」などと記したものもあるが、とんでもない間違いである。

信長の狙いは堺を直轄領とし、納屋衆を支配下におくことで南蛮貿易を独占することにあった。後に信長は矢銭《やせん》（軍事費）二万貫を堺に課すが、これは現代に換算すればおよそ二十億円にあたる。それだけの金をポンと出せる経済力が堺にはあったということであり、信長は千利休や津田宗及を茶頭《さどう》にすることで、茶の湯を通じて堺の支配を進めていったのだった。

利休の弟子にはキリシタンが多い

一方、南蛮貿易をになっていたもう一人の主役はイエズス会だった。彼らはマカオを拠点とするポルトガル王国の外交官と商社マンも兼ねていて、彼らの仲介がなければポルトガル商人と貿易することができなかった。

信長がイエズス会を手厚く保護したのは、宗教政策上の理由よりも、イエズス会を通じてポルトガルと親交を深め、南蛮貿易を円滑にしたいという意図の方が大きかった。

彼らと貿易すれば軍事的にも経済的にもどれほど有利だったかは、キリシタン大名となった肥前の大村純忠《すみただ》が、南蛮船が寄港するみかえりに、長崎港をイエズス会に寄進《きしん》していることからもうかがえる。

かくして堺の納屋衆、茶人、イエズス会という南蛮貿易をめぐる利益共同体ができ上がった。イエズス会側も納屋衆や取引先の有力大名をもてなすために、教会の中に茶室を設け、茶人に茶室と茶道具を管理させた。

その実態については、スムットニー・祐美氏が「イエズス会修道院内の茶の湯文化──ヴァリニャーノ師の史料に基づいて──」（野村美術館編『研究紀要』２０１４第23号）で詳細に論じておられる。

彼らは「茶の湯者」と呼ばれる茶人を茶頭として雇い入れ、規則まで作って茶の湯文化を受け容れようとしていた。この優れた論文に接してその実態を初めて知ったが、それは単に布教を円滑にするためばかりではなく、貿易や政治についての密談の場と利益共同体に参加する資格を確保するためだったと思われる。

利休七哲と呼ばれる弟子たちの中にキリシタンの信者が多いのも、イエズス会のこうした方針と関係しているはずである。

ところが秀吉は、バテレン追放令を発することでこうした関係を強制的に断ち切った。そうしてバテレンたちに一カ月以内に国外に退去するように求めたばかりか、イエズス会に寄進されて「租界地《そかいち》」になっていた長崎を奪い返した。

しかも単に教会領を没収するだけでなく、長崎のまわりにめぐらした城壁と砦を破壊し、罰金として秀吉に銀五百枚、執行吏に銀五十枚ずつを渡せという厳しいものだった。これを知った納屋衆や茶人たちは驚愕《きょうがく》し動揺したにちがいない。このままでは南蛮貿易が続けられなくなり、茶の湯を中心とした利益共同体も失われる。

そうした動揺をしずめるために秀吉は北野大茶会を企画し、このあとは茶の湯も貿易も自分の統制下で行なうと天下に知らしめようとした。大茶会の触れ書きに、その姿勢が露骨《ろこつ》なばかりに現われている。

〈右の如く仰せ出でられ候儀は、侘者を不便に思し召す儀候ところ、此度罷《まか》り出で候わず者は、向後においてこがし（麦、米の焦粉）でも立て候事、無用との御意見に候、罷り出でざる者の所へ参り候族《やから》までも、同前のぬる者たるべき事〉

北野大茶会に参加してキリシタンと手を切ったことを証明しない者は、今後茶の湯にかかわってはならぬ。その者と付き合っている者も同じだ、というのである。

十日の予定で始めた大茶会がわずか一日で中止になったのは、こうした方針に反発したキリシタンの一部が、秀吉暗殺未遂事件を引き起こしたからだと私は考えている。

その詳細について興味のある方は、拙著『恋七夜』（集英社文庫）をご覧いただきたい。暗殺の実行犯となったキリシタンの青年と、北野天満宮の門前に位置する上七軒《かみしちけん》の芸妓の、命を懸けた恋の物語である。

毛利家とキリスト教

我らの仲が変わることはない

先日姫路市を訪ねた。兵庫県立大学や播磨学研究所が主催する「播磨学特別講座」の講師として招かれたのである。

この講座は郷土の歴史を市民にもっと知ってもらうために行なっているもので、二十五周年にあたる今年は「黒田官兵衛――鮮烈な生涯」と題し、官兵衛について一年間、十二回の講座を行なった。そのトリをおおせつかったのである。

姫路駅を下りると、北へ向かって続く大通りの先に、改修が成った姫路城がそびえていた。別名白鷺《しらさぎ》城と呼ばれる白漆喰《しっくい》の美しい城だが、改修によっていっそう白くなり、化粧直しをした花嫁さんのようだった。

講演は「官兵衛の大望と挫折」という題で、関ヶ原合戦の時に官兵衛がめぐらせていた天下取りの計略について話をした。

東西両軍が関ヶ原で戦っている間に、官兵衛は九州を平定し、中国地方を攻め上って関ヶ原の勝者と雌雄を決する策を立てていた。それはキリスト教の布教ができる国をきずくためで、計略の中核を成したのはキリシタンのネットワークだった。

そのことについてはすでに触れたが、今回の講演をするために資料を調べていたところ新しい知見を得たので、それについて書かせていただきたい。

官兵衛は加賀の前田家、奥州の伊達家とキリシタンのネットワークで結ばれていたと書いたが、もうひとり、関ヶ原合戦において、官兵衛と一身同心《いちみどうしん》して不可解な動きをした武将がいる。

毛利《もうり》家の家老格だった吉川広家《きつかわひろいえ》である。

彼は決戦の前日に徳川家とひそかに和議を結び、決戦当日は南宮山《なんぐうさん》の先陣にいて動かなかったために、後方の毛利勢も関ヶ原に攻め下りることができなくなった。これは東軍優勢と見た広家が、主家を守るために独断でしたことだという解釈が一般的だが、それは違うのではないかという疑問をずっと持っていた。

というのは広家は、決戦の前から事あるごとに官兵衛の指示を仰ぎ、官兵衛もこれに応えて「たとえ世の中がどのように変わろうと、我らの仲が変わることはない」という文書を与えて励ましている。

また広家は他界する時、「官兵衛どのの墓の側に葬ってくれ」と遺言し、その言葉通り広家の遺骨は大徳寺龍光院《りようこういん》の官兵衛の墓の側に葬られた。

この親密さは、広家が官兵衛を洗礼親《ゴツドファーザー》としたキリシタンだったために生じたのではないか。十八年前に『風の如く水の如く』（集英社文庫）を書いた時からそう感じ、広家が南宮山の毛利勢を動かさなかったのは、官兵衛の計略に加わっていたからだという設定にした。

下関に教会をつくる

しかし広家とキリシタンの接点がいまひとつ明確ではなかったが、このたびルイス・

フロイスの『日本史11』(中公文庫)を読んでいて愕然とした。同書の第六十章に、そのことがはっきりと記されていたからである。

天正十五年(一五八七)に秀吉が二十万余の軍勢を率いて九州征伐に向かった時のことだ。秀吉軍の軍監であった官兵衛は、イエズス会の副管区長コエリョを小早川隆景《こばやかわたかかげ》に引き合わせた。

その時の様子について、フロイスは次のように記している。

「彼(隆景)は食事が終わってから約一時間にわたって、天地の創造主であるデウスと人類の贖《あがな》い主は唯一で、御一方しかあり得ないことや、デウスと日本の神仏の相違を扱った教理の最初の説教を開いた。彼は進んで聴聞を望み、それに大いなる喜悦を示した」

そこに同席していた官兵衛は、「小早川殿がキリシタンの教えの話における幾つかの道理に満足の意を表するのを見て誇らしげであった」というから、彼は隆景が洗礼を受けることを望んでいたのである。

しかも官兵衛はイエズス会の布教のために、毛利家に二つのことを承諾させた。ひとつは下関に司祭を定住させるために教会を作ること。もうひとつは布教の自由を認める特許状を出させることである。

「その一通は国主輝元《てるもと》のもので、それによって彼らが我らに山口と下関の地所を無期限に付与し、領内の諸国において我らがデウスの教えを宣布することを許可し、領内の海陸において我らが、通行税を支払う必要はなく、さらに仏僧たちが服しているものの、我らに対しては兵士の宿泊の義務とか、町《ルア》における奉仕とか公役などを免除するというものである。他の二通は、同種の特許状でいっそう内容を拡大したもので、国主輝元の重立った二人の家老から与えられるものである」

毛利家がここまでイエズス会を優遇し、官兵衛から求められるままに土地を与えたり布教の自由を許したのは、秀吉がイエズス会保護政策を取っていたからだ。秀吉はこの前年の五月にコエリョと対面し、同じような特許状を与えている。

毛利家がこれに倣《なら》ったのは秀吉の機嫌を伺うためだろうが、官兵衛がこれほどすんなりと事を運ぶことができたのは、毛利家の重臣の中に熱心なキリシタンがいて、周到に根回しをしていたからとしか思えない。

その重臣こそ吉川広家ではなかったかと当たりをつけているのだが、いまだに動かぬ証拠をつかむところまでは至《いた》っていない。今後も調査を続け、少しでも事実に近づきたいと思っている。

物言わぬ証人

大河ドラマ『軍師官兵衛』は好評のうちに幕を閉じた。

ストーリーや画面の作り方も良かったし、主役の岡田准一《じゅんいち》、秀吉役の竹中直人も迫力のある演技をしていた。中でも死の直前の秀吉の老醜《ろうしゅう》を表現しきった竹中の演技は、大河ドラマ史上でも特筆されるべき見事さだった。

しかし、江戸時代の史観が戦国時代の本当の姿をおおい隠していると考えている私には、いくつかの不満が残った。そのひとつは、官兵衛がキリシタンであるということの重要性が充分に描かれていないことだ。

この稿でもすでに書いたが、官兵衛が本能寺の変の後の天下取りや関ヶ原の合戦において鮮やかな働きができたのは、背後に十万とも二十万とも言われるキリシタン勢力がいたからである。

たとえば関ヶ原の合戦が始まると知った官兵衛は九州征圧を目指し、蓄《たくわ》えた銭をすべて使って牢人や領民を雇い集めて軍勢を編成したというが、それは大友宗麟《そうりん》の家臣だったキリシタン牢人たちがいたからこそ可能だったのである。

一般的な史書では、官兵衛は筑前に移ってからはキリシタンとは距離をおき、禅宗などに心を傾けていたと説かれることが多いが、これは江戸時代に成立した『黒田家譜』の影響を受けた俗説である。

では官兵衛の本音はどうだったのか？

それは官兵衛（如水）の葬儀に出席したマトス神父の慶長九年（一六〇四）の報告書に明確に記されている。

「そして臨終の際、彼は告解《こっかい》するために神父を呼ぶように願った。ところが、彼の側近は、何故かと言って神父を呼ばなかったので、彼は死ぬ前に告解することができなかった。しかし彼は、自分のアニュス・デイ（祈禱文《きとうぶん》）とロザリヨ（十字架のついた祈りの用具）を持って来るように願い、自分はキリシタンとして死にたいと言いながら、それを胸の上に置いた」

彼の遺体は遺言に従って博多の神父の許《もと》に運ばれ、キリシタンの作法によって葬儀が行なわれたが、その様子は次の通りだった。

「それで四月の或《あ》る夜の十時と十一時のあいだ、我らは彼を、博多の町の郊外にあってキリシタン墓地に隣接している松林のやや高い所に埋葬した。葬列の時、彼の嫡男筑前殿（長政）およびその領国の主立った家臣が彼の遺体につきそい、年寄衆、諸域の城番―彼らは転んだキリシタン―は龕《がん》（葬台）を担い、彼の弟で真の立派なキリシタンであった惣右衛門殿が十字架をかかげ、その一人の息子左平次殿と町の支配人宗也の孫で高木彦左衛門の息子とが松明《たいまつ》を持ち、（以下略）」

惣右衛門は官兵衛の弟黒田直之、左平次は直基のことだ。年寄衆などが転んだ（棄教した）キリシタンであり、官兵衛の臨終の時も側近が神父を呼ばなかったとあるので、すでにこの頃からキリシタン禁令へ向けての動きが始まっていたことがうかがえる。

ところが長政の叔父にあたる直之とその子直基だけは、キリシタンの教えを忠実に守って、官兵衛の遺言通りの葬儀を行なったのである。

二千人を超える秋月のキリシタン

十月下旬、福岡県朝倉市の講演に招かれ、市内の秋月城を訪ねた。黒田長政が筑前五十二万石の大守として入封した時、直之は秋月領一万二千石を与えられてこの地に赴任したのである。

野鳥川《のとりがわ》にかかる石造りの目鏡橋《めがねばし》を渡って城下に足を踏み入れた。

城の南側に杉の馬場が約三百メートルにわたって真っ直ぐにつづき、両側に桜並木を配してある。江戸期の城下町の姿をそのまま残した町並みは九州の小京都と呼ばれ、春には大勢の花見客でにぎわうという。

通りの北側には城の石垣と堀があり、秋月郷土館、大手門跡の瓦坂、長屋門などが並んでいた。

ミゲルという洗礼名を持つ直之は、秋月に来てからも布教活動に熱心だった。教会を建て、神父を招いて教えを広めたために、秋月、博多、筑後、柳川などから多くの人々が来て洗礼を受けた。

フーベルト・チースリク著『秋月のキリシタン』(教文館)によれば、その数は一六〇六年には二千百名、翌年には二千二百三十名にのぼったという。

ところが一六〇九年に直之が他界した後には、有馬晴信《ありまはるのぶ》が長崎港でポルトガル船マードレ・デ・デウス号を襲撃したことをきっかけにして岡本大八事件が起こり、徳川幕府はキリシタン弾圧の方針をいっそう強化していった。

そのため直之の嫡男パウロ直基は、黒田長政から家督相続を認めるかわりにキリシタンの信仰を捨てるように求められた。直基はそればかりは応じられないと拒否し続け、さまざまな交渉をした末に一六一〇年に七千石に減封されて相続を認められた。

ところが翌年、直基は家臣との刃傷沙汰がもとで二十代の若さで他界した。その後秋月領は黒田藩に接収されているので、この事件にはキリシタンである直基を排除しようという長政の意志が働いていたのかもしれない。

その後、長政の三男長興が五万石の分知を受けて入封し、秋月藩が成立する。

そして幕府の禁教令をはばかって直之、直基の事績を藩史から消し去ったが、城下にはキリシタン灯籠《どうろう》や十字架を描いた軒丸瓦《のきまるがわら》などが残り、歴史の物言わぬ証人となっているのである。

ポルトガル船デウス号事件

島原藩主有馬晴信の実像とは

前項で、マードレ・デ・デウス号の撃沈をきっかけとして岡本大八事件が起こり、幕府はキリシタン弾圧を強化したと書いた。そのいきさつはおよそ次の通りである。

慶長十四年（一六〇九）五月、ポルトガル船デウス号が長崎に入港した。この船は一年前にマカオに入港していた時、島原藩主有馬晴信が派遣していた朱印船の船乗りたちと争いを起こし、数十人を殺害していた。

難をのがれて帰国した船乗りがこのことを幕府に訴えたために、幕府は長崎港周辺の諸藩にデウス号の撃沈を命じた。すると晴信は「あれは私の旧敵だから」と一手で攻撃すると申し出た。

そして十二月十二日、晴信は兵船三十艘でデウス号に攻めかかり、四日間の戦闘の末に撃沈した。この働きの恩賞として、家康から備前長光の名刀をたまわり、燃え残ったデウス号の積荷は勝手に処分していいという許しを得た。

一件はこれで落着したかに見えたが、目付として長崎に派遣されていた岡本大八（家康の右腕である本多正純《ほんだまさずみ》の家来）が、晴信に「今度の恩賞として有馬家の旧領だった藤津、杵島《きしま》、彼杵《そのぎ》三郡を与えられるように計らう」と持ちかけた。

これを信じた晴信は、大八に莫大な賄賂《わいろ》を贈って正純や家康への働きかけを依頼した。ところがいつまでたっても恩賞の沙汰《さた》がないので、晴信は事の次第を正純に問い合わせた。

そのために大八の奸計《かんけい》が明るみに出たが、大八は取り調べの最中に「晴信は長崎奉行の長谷川左兵衛に贈賄の事実を突き止められたために、左兵衛を暗殺する計画を立てていた」と暴露した。

このために大八は火刑にされ、晴信は甲斐《かい》国（現・山梨県）に配流された上で、慶長十七年五月六日に斬首に処された。晴信も大八もキリシタンであったことを問題視した幕府は、キリシタン弾圧を強化することにした。

斬首はイエズス会を救うため

以上が一般的な解釈だが、この事件には謎が多く、いまひとつ真相がわからないもどかしさがある。

そのせいか、幕府がキリシタン弾圧のために仕組んだことだとか、本多正信、正純父子の専横を憎んだ幕閣の有力者が、正純を失脚させるために謀《はか》ったのだ、などともいわれている。

ところが先日、こうした状況に一石を投じる好著に出会った。宮本次人著『ドン・ジョアン有馬晴信』（海鳥社）である。

二つの事件の背後には、スペインを母国とするドミニコ修道会（托鉢修道会）の進出を阻もうとするイエズス会の策謀があった。敬虔《けいけん》なキリシタンであった晴信は、それを知りながら、イエズス会を救うために罪を背負って斬首に処されたというのである。

根拠のひとつは、藤津郡の領有を望んだのは晴信であって、大八のほうからの申し出ではなかったことだ。

藤津郡の浜町と鹿島にはドミニコ会の教会があり、佐賀藩主鍋島勝茂の保護を得て勢力を拡大しつつあった。イエズス会はこのことに深刻な脅威を感じていたが、他領のことに手出しをすることはできない。そこで晴信に恩賞として藤津郡をもらい受けさせ、その後にドミニコ会を追い出そうとしたというのである。

しかしその解釈には、大きな矛盾が立ちはだかる。マードレ・デ・デウス号が撃沈されたために、イエズス会はこの船に積んでいた多くの荷物を失った。マカオから輸送した金や生糸などで、その損害は莫大な額にのぼる。

そんな犠牲を払ったイエズス会が、デウス号の撃沈の恩賞に藤津郡をもらうように晴信に迫るとは、理屈にあわないではないか。

宮本氏もそんな疑問を感じ、デウス号の撃沈についてもう一度調べ直すことにした。するとこの事件にも不可解な点があることがわかった。

キリシタン勢力の一掃

デウス号にはマカオの商人たちが委託した金が大量に積まれていた。イエズス会はこの金を元手にして長崎で銀を買い付け、マカオの商人たちには出資に応じて銀を渡す契約をしていた。

日本では石見《いわみ》銀山などで大量に銀がとれるので価格が安い。これを買い付けて東南アジアや明国などに売りさばけば大きな利益を得ることができるので、この仲介をすることがイエズス会の大きな資金源になっていたのである。

ところがデウス号にかぎって、彼らは買い付けたはずの銀を船に積み込んでいなかった。しかもマカオの商人たちには、不慮の戦争によって沈んだのだから、預かった金の返済義務はないと言い立てていた。

つまりイエズス会はデウス号が長崎に入港した時から、この船を晴信に撃沈させ、その恩賞として藤津郡を手に入れてドミニコ会を追い出すという計略を立てていたのである。

こうした動きをドミニコ会は把握し、自己防衛のために対抗措置をとった。おそらく佐賀藩を通じて幕府に真相を訴えたのだろう。

激怒した幕府はこの機会にキリシタン勢力を一掃する決意を固め、岡本大八や晴信を極刑にしたのである。

山梨県甲州市の天目山栖雲寺《てんもくさんせいうんじ》には、晴信の肖像を写したと伝えられる虚空蔵《こくうぞう》菩薩画像がある。これはマニ教のイエス像とも言われ、手には黄金の花クルスを持っている。この像の解明によって、晴信の本当の姿が明らかにされる日が来るかもしれない。

室町幕府終焉はいつか

鞆の浦と足利義昭

先日広島県の鞆《とも》の浦を訪ねた。東海道・山陽新幹線の福山駅で下車し、沼隈《ぬまくま》半島の東側を車で三十分ほど走ると、港に面した小さな町に着く。

ここが江戸時代まで瀬戸内海海運の中心地として栄えた鞆の浦で、町にはその頃のままの町並みや港の雁木《がんぎ》（船の荷物を荷揚げするための石段）が残り、ここだけ時間が止まったような風情あるたたずまいを保っている。

この港が海運の中心地になったのには理由がある。

ちょうど瀬戸内海の真ん中に位置しているので、満潮の時には西の豊後《ぶんご》水道や東の紀《き》淡《たん》海峡から流れ込んだ潮が鞆の浦の沖でぶつかり、海面が山のように盛り上がる。一方、干潮の時にはその潮が東西に分かれて引いていくので、干満の水位の差は四メートルをこえることが多い。

満ち潮の時には徐々に海面が押し上げられていくし、引き潮の時にはまるで川のように流れていく。この自然の動力を利用した航海法が、瀬戸内海では古くから行なわれていた。

大阪湾から九州へ向かう船は、上げ潮に乗って鞆の浦まで行って潮待ちをする。そして翌日、引き潮に乗って九州へ向かう。九州から大阪へ向かう場合も向きが反対になるだけで、鞆の浦は潮待ち港として発展を遂げてきた。

古くは三韓征伐に出陣する時、神功《じんぐう》皇后が船をつけたといわれる皇后島がある。南北朝時代には筑前の多々良浜《たたらはま》の戦いに勝った足利尊氏が、都に攻め上る途中で鞆の浦に船をつけ、小松寺で光厳《こうごん》上皇の院宣《いんぜん》を得て幕府を開く名分《めいぶん》を得ている。

この由緒《ゆいしょ》にちなんだのか、戦国時代には織田信長に都を追われた足利義昭が、毛利輝元を頼って鞆の浦に居を移した。一般的には足利幕府は義昭が都を追われた元亀《げんき》四年（一五七三）に滅亡したといわれているが、最近では義昭が出家した天正十六年（一五八八）をもって幕府の終焉とする説が主流になった。

理由はいくつかある。ひとつは朝廷の官位を記録した『公卿補任《くぎょうぶにん》』に、義昭は天正十六年まで将軍だったと記されていること。ひとつは義昭は鞆の浦でも毛利輝元を副将軍とし、奉公衆や奉行衆を従えて幕府の機能を維持していたこと。

そしてもうひとつは、足利将軍は十代義稙《よしたね》の頃からたびたび都を追放されたが、その間も将軍位を保ちつづけたこと。

それゆえ義昭が鞆の浦にいた時にも、社会的には将軍と認識されていたし、京都五山の住持の任命なども行なっていたのである。

高台にあった鞆幕府

義昭が鞆に幕府を開いたのは、尊氏ゆかりの地だからという理由ばかりではない。鞆の浦は瀬戸内海海運の中心地なので、人も金も情報も集まってくる。しかも港を支配していれば、荷揚げした積荷にかける関銭《せきせん》（関税）や津料《つりよう》（港湾利用税）を徴収することができる。

くり返しになるが、戦国時代は空前の高度経済成長を遂げた重商主義の時代であり、海外との貿易もさかんになって商品の流通量は飛躍的に伸びた。そして港や川などの流通路を押さえた者が、関銭や津料を徴収することによって経済的な実力を身につけ、守護大名にとって替わる戦国大名になった。

その代表格が信長で、初めは伊勢湾を支配して畿内と東国を結ぶ流通路を押さえ、次に琵琶湖を掌中にして日本海と畿内、濃尾につながる流通路を押さえた。そこから上がる収入が莫大だったから、安土城のような絢爛豪華《けんらんごうか》な城を築くことができたのである。

この宿敵に対抗するために義昭が選んだのが、鞆の浦を拠点として瀬戸内海の流通路を押さえることだった。ここを押さえておけば莫大な収入を得られるし、西日本の経済を掌握することで大名たちを味方に引き入れることもできる。

つまり義昭が毛利輝元の支援を得て鞆の浦に幕府を開いた天正四年（一五七六）から、本能寺の変が起こる天正十年までの間、両者はほぼ互角の状況で対峙していたということになる。そして四国の大半を押さえていた長宗我部元親《ちょうそかべもとちか》も、天正九年には義昭側に下って信長と敵対するようになる。

こうした状況で本能寺の変が起こるのである。元親と親しかった明智光秀が、義昭や輝元と申し合わせて決起したことは『石谷家文書《いしがいけもんじょ》』の発見などによって徐々に明らかにされつつある。

義昭が幕府をおいたのは、港町の中心地の高台にある鞆城（現在は歴史民俗資料館）だった。ここは港からもはっきり見えるので、鞆幕府の盛況ぶりは潮待ちをする船乗りたちにもよく分かる。

彼らは行く先々でその様子を伝え、義昭の威信を高めたことだろう。

鞆城の東に義昭が御所とした申明亭があった。今は個人宅になっているが、庭だけは当時とほぼ同じ状態で保存されている。山の斜面に築いた狭い庭だが、石の選択も配置も精巧で、密度の濃い名庭であったことがうかがえる。

庭の一角には茶室の跡と伝えられる二畳ほどの平地があり、広い板石を敷き詰めて土台にしてある。まだ本格的な調査はされていないが、もしここに茶室があったのなら二畳台目くらいの広さで、千利休が山崎の戦いの時に築いた待庵《たいあん》より早い時期に作られた小間の茶室ということになる。

義昭には茶人でキリシタンの内藤如安《じょあん》も、奉公衆として従っていた。近くの寺にはマリア観音やキリシタン灯籠もあるが、そのことについては次項に触れたい。

キリスト教信仰に理解を示した福島正則

広島県福山市の鞆の浦には何度か取材に訪れたが、キリシタンとの関係について調べてみたことはなかった。

おそらく興味の中心が南北朝時代にあり、足利尊氏が光厳上皇の院宣を受け取ったと伝わる小松寺や、南朝方の水軍が拠点とした大可島《おおかしま》城跡などに目がいっていたからだろう。

ところがこの度改めて訪ね、福禅寺の「マリア観音」や阿弥陀《あみだ》寺の「キリシタン灯籠」などを知り、ここにもそうした歴史が埋もれていたのだと認識をあらたにした。

福禅寺には対潮楼《たいちょうろう》という客殿があり、江戸時代に朝鮮通信使の宿所とされたことで知られている。ここからの弁天島や仙酔島《せんすいじま》のながめは素晴らしく、通信使も日本で一番美しい所だと絶賛しているが、平成十二年（二〇〇〇）に屋根の改修工事をしたところ、観音像を描いた十字架入りの厨子《ずし》が見つかった。

これは幕府の弾圧を逃れるために、鞆の浦のキリシタンたちが寺に隠し入れたもので、「マリア観音」と呼ばれている。

阿弥陀寺の「キリシタン灯籠」は、千利休の高弟だった古田織部が考案したと言われる織部灯籠とよく似ている。キリシタンたちはこの灯籠を庭におき、十字架に見立てて礼拝を続けたのではないだろうか。

日本にキリスト教を伝えたフランシスコ・ザビエルもこの地に立ち寄ったといわれている。天文《てんぶん》十八年（一五四九）に鹿児島に上陸したザビエルは、翌年布教の許可を求めるために京都へ向かった。この時瀬戸内海を航行し、鞆の浦に立ち寄った可能性が高いという。

また、天正四年（一五七六）には足利義昭がこの地に逃れ、毛利輝元の支援を得て鞆幕府を開いた。この時、キリシタン武将で茶人としても知られる内藤如安が側近として従っている。

如安は永禄七年（一五六四）にルイス・フロイスから洗礼を受けた日本の洗礼親《ゴッドファーザー》的な存在である。おそらく鞆の浦でも積極的な布教活動をし、多くの信者を獲得したことだろう。

ところが天正十五年（一五八七）、秀吉がバテレン追放令を発してキリスト教を禁止した。そのために宣教師たちの活動はできなくなり、鞆の浦での信仰の火も消えるかと思われたが、思いがけない救世主が現れる。関ヶ原合戦での手柄によって、安芸《あき》、備後《びんご》二カ国を与えられた福島正則である。

正則は広島城を本拠地としたが、鞆城の改修工事もおこない、瀬戸内海交易の拠点にふさわしい巨大な海城に作りかえた。今ではその遺構を見ることはできないが、対潮楼の土台となっている見事な石垣が、船の航行を監視する遠見《とおみ》番所を設けるためのものだと聞けば、当時の威容がうかがえる。

江戸時代の史書には、気性が激しいだけの猪武者だと描かれることが多い正則だが、キリシタンの信仰に深い理解を示し、手厚い保護を加えるという一面もあった。

慶長七年（一六〇二）にはキリシタンゆかりの寺といわれる大悲山慈徳院を建立しており、その二年後には司祭であるアントニオ石田を広島に招いて布教活動をさせている。

徹底した正則潰し

ところが幕府は次第にキリシタンに対する弾圧を強めるようになり、外様大名である正則がその方針に逆らうことはできなくなりつつあった。そうした苦境の中で起こったのが、後継者としていた養子・正之の謀殺事件である。

正之は関ヶ原合戦の前年、徳川家康の養女・満天姫《まてひめ》を妻にしている。福島家が徳川家と良好な関係を維持するためには欠かせない存在だが、正則は慶長十二年（一六〇七）に正之の乱心を理由に監禁し、謀殺したのである。

その理由についてはさまざまな説があるが、キリシタンと豊臣家に対する圧迫を強める幕府に対して反感を持っていた正則が、幕府寄りの姿勢を取る正之を排除したと見るのが妥当だろう。

この年正則は四十七歳。まだまだ戦国武者としての気概は衰えていない。豊臣秀頼を奉じ、豊臣恩顧の大名を糾合したなら幕府に対抗できるという戦略を持っていただろう。キリシタンを手厚く保護したのも、万一戦になった場合には十万とも十五万ともいわれるキリシタン武士の支援を得ようとしていたからに違いない。

それゆえ幕府にとってはもっとも危険な存在で、何としてでも領主の実権を正則から正之に移そうとした。正之も福島家が生き残る道はそれしかないと説いただろうが、正則は己の信念を守るために正之を殺したのだった。

これ以後、幕府は徹底して正則を潰《つぶ》しにかかる。丹波《たんば》篠山《ささやま》城や名古屋城、江戸城などの工事を次々と命じて経済力を奪い、各地への出張や江戸での滞在を申し付けて領国に戻ることを許さなかった。

大坂夏の陣で豊臣家を滅ぼすと、その四年後には安芸、備後の領地を没収し、信濃《しなの》の川中島に四万五千石を与えた。その五年後の寛永元年（一六二四）七月、正則は六十四歳で他界する。

正則の重臣たちは幕府の検使が来る前に遺体を荼毘《だび》に付した。遺体を見せられない何らかの事情があったからで、刺客に襲われたとも切腹したともいわれている。

重臣たちもこの措置を理由に幕府が福島家を取り潰すことは分かっていただろうが、それよりも正則の名誉を守ることを優先したのだった。

根強く広まるキリシタン信仰

種子島に眠るカタリナ永俊尼

歴史はつくづく奥深い。これまで三十年近く戦国時代に材を取った小説を書いてきたが、各地を歩いて取材してみると、思いもかけぬ事実と出会うことがある。

先日、鹿児島県西之表市の種子島家墓地で見たカタリナ永俊尼《えいしゅんに》、妙身、お津留の三代の女性の墓もそうだった。

永俊尼は天正三年（一五七五）に小西行長の重臣・皆吉続能《みなよしつぐよし》の娘として生まれた。成人の後、行長の後室（側室との説もある）となり妙身を産んだ。

ところが行長が関ヶ原の合戦で敗れて処刑されたために、永俊尼は小西家に寄寓《きぐう》していた島津忠清の妻になった。

忠清は島津薩州家（出水《いずみ》領主）に生まれたが、家督を継いだ兄忠辰《ただとき》が朝鮮の役で秀吉の命令に背いて出陣を拒否したために家が取り潰され、小西行長に身を寄せていたのだった。

慶長十四年（一六〇九）、三十五歳になった永俊尼は、忠清との間に生まれた長男忠影と次女慶安、それに妙身をつれて夫の故郷である鹿児島に移り住んだ。

この頃にはカタリナという洗礼名を持つキリシタンになっていただろうが、島津家では永俊尼の家族を手厚く保護したばかりか、次女の慶安を当主家久（忠恒）の側室として迎えた。しかも二人の間に生まれた光久に家督を継がせたために、永俊尼は藩主の外祖母になった。

また長女の妙身はキリシタン大名である有馬直純に嫁ぎ、長女お満津をさずかったが、直純は彼女を離縁して家康の養女を妻に迎えた。そこで妙身は永俊尼のもとに戻り、薩摩藩の家老である喜入忠政の後室になってお津留を産んだのである。

その関係を系図にすると次の通りである。

島津家がこれほど永俊尼の一家を好遇したのは、彼女の人柄や人徳によると思われるが、世は関ヶ原合戦から大坂の陣にいたる激動の時代だけに、単にそれだけとは考えにくい。永俊尼一家を大切にする、特別な理由があったはずである。

江戸初期の厳しいキリシタン弾圧

その謎を解く鍵のひとつが、小西家の家譜である。

そこには行長の妻は島津弾正忠隣《だんじょうただちか》の姪で、嫡男兵庫頭は薩摩で生まれたと記されている。忠隣は忠清の兄なので、姪とは忠清の娘だった可能性もある。

いずれにしても小西家と島津薩州家は、行長が妻を迎えるほど親密な関係にあり、忠清が小西家に身を寄せたのも、行長の後室だった永俊尼を妻にしたのも、そうした背景があったからだろう。

小西家と島津家は、南蛮貿易を通じて関係を深めたものと思われる。行長の父隆佐《りゅうさ》(立佐)は秀吉に仕えて堺代官となり、南蛮貿易を取り仕切っていた。島津家も種子島家を家臣団に組み込み、鉄砲の生産や硝石、鉛などの輸入に深く関わっていたので、両者が接近するのは見やすい道理である。

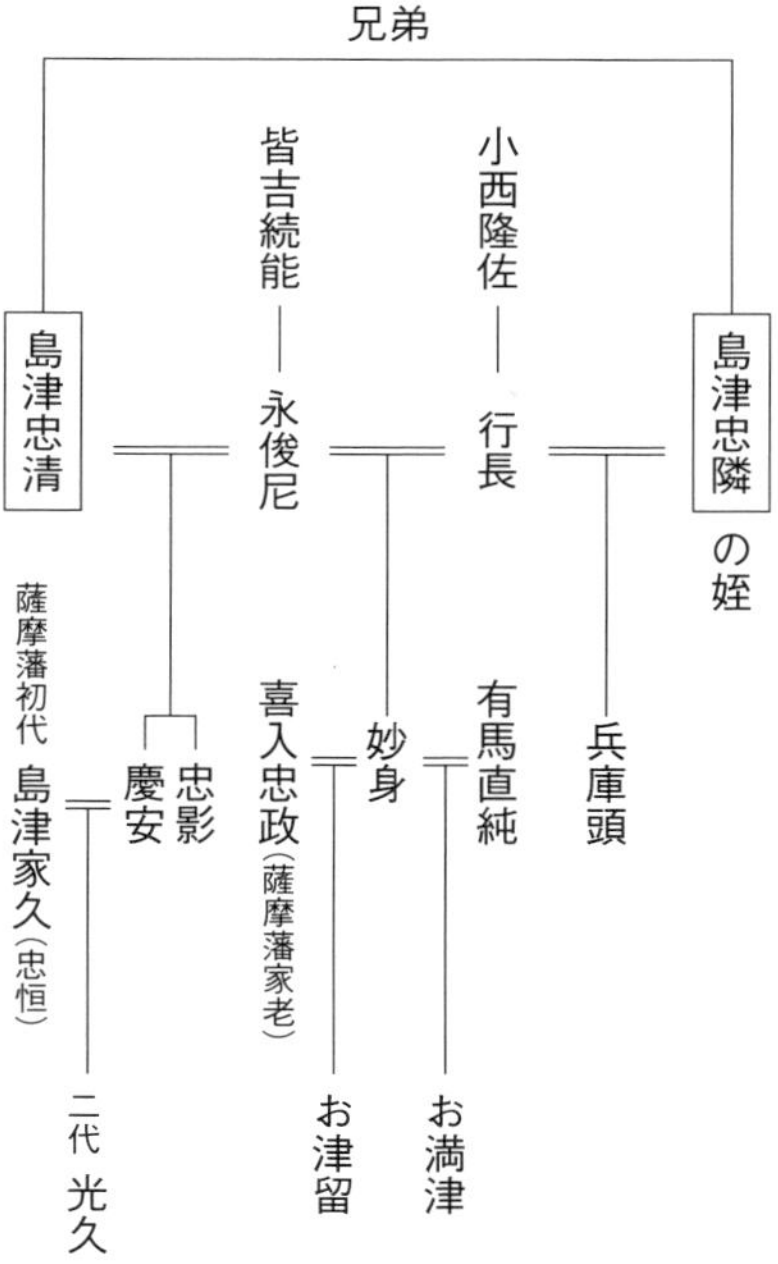

おそらく小西行長が肥後の南半国を与えられたのも、島津家とのこうした関係や、南蛮貿易における実績が評価されてのことだろう。永俊尼が島津家において厚遇されたのは、行長の後室だったことと、キリシタンの人脈によって南蛮貿易に強い影響力を持っていたからだと思われる。

島津家が永俊尼の一家を迎え入れたのは、琉球出兵を強行して支配下に組み込んだ年である。島津家の狙いは琉球支配によって南蛮貿易を独占し、徳川幕府に対抗することにあった。

そのためにはマニラを拠点とするスペインと良好な関係を保つことが必要で、イエズス会と太いパイプを持つ永俊尼の力を頼ったのだろう。

ところが幕府のキリシタン弾圧は次第に厳しくなっていく。その主要な目的は、西日本の雄藩がキリスト教の信仰を通じて外国勢力と結びつき、密貿易によって巨利を得たり、幕府に対する謀叛《むほん》を企てたりすることを防ぐことで、薩摩藩は狙い撃ちにされた観がある。

島津家ではこうした嫌疑をさけるために、永俊尼にキリスト教を捨てて仏教徒になるよう迫ったが、彼女は頑《がん》として応じなかった。そこで寛永十一年（一六三四）三月八日、永俊尼とその家臣男女二十名を種子島に流罪とし、西之表から四キロほど離れた山奥に住まわせて外部との連絡を禁じた。

このとき、島津家の四家老から種子島の領主にあてた書状には、永俊尼の行動を厳しく監視し、もし長崎方面から商船がやって来たときには、ひときわ厳重に見張りをつけるように記されている。

キリシタンの中心人物と見なされた永俊尼一家への迫害はこれだけでは終わらなかった。娘の妙身と孫娘のお満津、お津留もやがて種子島に流され、生涯島の外へ出ることを許されなかった。永俊尼は慶安二年（一六四九）に七十五歳で他界した。妙身は万治三年（一六六〇）、お津留は元禄十年（一六九七）に他界している。

種子島家の墓地に残る三人の墓標は、江戸初期のキリシタン弾圧の厳しさと、島津家が立たされていた複雑で困難な状況を、今に伝えているのである。

景教は日本に伝わったか？

近頃中国を訪ねる機会が多くなった。

遣隋使、遣唐使の頃の物語を書き、日本という国が成立する上で東アジア全域からどのような影響を受けたのかをさぐろうと、中国各地を取材して回っているからである。

きっかけは二十五年ほど前、中国を一カ月ほど旅したことだった。秀吉の朝鮮出兵を日明《にちみん》の外交関係からとらえた小説を書こうと思い、北京・南京・上海・厦門《アモイ》・香港を取材して回った。

まだ中国の人々が人民服を着て、大量の自転車が交通手段として使われていた頃である。漢字の略字である簡体字もそれほど普及していなかったので、筆談で不自由なく意志を通じ合うことができた。

その時、日本という国が中国からどれほど大きな恩恵をこうむっているかよく分かった。漢字や儒教がその好例だが、衣食住や年中行事なども中国由来のものが数多い。日本が花だとするなら、中国は根や幹であり、両国の関係性を正しくとらえないと日本の歴史の本質は分からないと痛感した。

その後、日本史を題材とした小説を書くうちに、こうした興味をいつの間にか失っていた。日本では国内的な視野の歴史小説が主流を占めていたし、そこまで視野を広げた小説を書くにはまだまだ力不足だという思いもあった。

そうしていたずらに歳月が流れたが、二〇一三年に再び中国を旅する機会に恵まれた。日本経済界の訪中団に加えていただき、大連・西安・敦煌・北京をめぐったのである。

二十数年前とは中国の様子は一変し、道には自動車があふれ、ビルの建築ラッシュだったが、日本の源流の多くがこの国にあるという印象は変わらなかった。

そして日本が長い歴史の中で中国からどのような影響を受け、それを国造りにどう活かしてきたかという問題に取り組むことなく日を過ごしてきたことが、大きな怠慢のように感じられた。

西安（昔の長安）で遣唐使たちの事績に触れると、その思いは特に強くなった。彼らは荒海を船で渡り、命をかけて唐の文化や文明を学ぼうとした。その勇気がお前にはないのか。誰かにそう言われている気がした。

そこで遣唐使、中でも同姓である阿倍仲麻呂の小説を書くと決意した。そのためには当時の日本の状況を理解する必要がある。そう考え、彼より百年ほど前の遣隋使の物語から取り組むことにした。

二〇一四年には二週間、二〇一五年六月には洛陽から済南、蓬莱、煙台と、遣隋使や初期の遣唐使が通った道をたどる一週間の取材旅行をした。

中国を訪ねるごとにこの国の広大さと歴史の深さに圧倒される。そこから少しでも学ぼうとした遣隋使や遣唐使たちの熱意と勇気と使命感にも頭が下がる思いである。

そうした中で気になっているのは、西安の碑林《ひりん》博物館で見た「大秦景教流行中国《だいしんけいきょうりゅうこうちゅうごく》碑《ひ》」である。

景教とはキリスト教のネストリウス派のことで、ヨーロッパでは異端として禁止された。そのため同派の信仰者たちが、新天地を求めて西アジア、中央アジアをへて中国に至り、唐王朝の頃には最盛期を迎えた。

碑はそれを記念するために建てられたもので、大秦とは当時のローマのことである。

聖徳太子はキリスト教を学んだ!?

気になるのは、この景教がはるか昔に日本に伝わり、キリスト教的な信仰や思想が土着していった可能性があるからだ。たとえば聖徳太子が学んだ仏教は実は景教で、四天王寺に四箇院《しかいん》を築いたのはキリスト教的な博愛思想の影響だという説がある。

太子が厩戸皇子《うまやど》と名乗ったのは、イエス・キリストが馬屋で生まれたという伝承をなぞったものだというし、日本に仏教を取り入れた功労者である蘇我馬子の名も、我は蘇った馬子（キリスト）という意味だという。

にわかには信じ難いような説だが、聖徳太子にゆかりの深い京都の太秦《うずまさ》は、大秦と何らかの関係があるのだろうし、聖徳太子を本尊とする広隆寺を創建したのは中国から渡来したといわれる秦氏《はた》である。

この秦氏が中国に伝わった景教を日本に持ち込み、用明天皇二年（五八七）に起こった丁未《ていび》の乱で、蘇我馬子や聖徳太子を支援して仏教派に勝利をもたらした。そこで二人はキリストに由来する名を名乗って、景教を奉じる秦氏へ感謝の意を表したとも考えられるのである。

聖徳太子の仏教の師が高句麗から来日した恵慈《えじ》であることも、こうした想像を可能にするひとつの材料である。

高句麗は朝鮮半島北部から中国東北部にかけて勢力を持ち、西アジアから南ロシア、モンゴル高原へとつづく草原の道（ステップロード）によって盛んに交易をしていた。その交易路によって秦氏が西域から高句麗に入り、やがて日本にやって来たのかもしれない。

戦国時代に来日したイエズス会の宣教師たちは、一向宗（浄土真宗）の教義があまりにカトリックの教えに似ていることに驚いた。そして一向宗を潰さなければ、この国で布教を成功させることはできないと思った。それゆえ織田信長を支援して一向宗の弾圧を行なわせたという説がある。

その是非はともかく、戦国時代にキリスト教があれほど多くの信者を獲得し、江戸幕府の弾圧にも屈することなく命脈を保ったのは、キリスト教的な信仰が景教という形で日本に深く浸透していたからかもしれない。

秋田のキリシタン弾圧

佐竹氏とキリシタン

歴史小説を書いていると、取材旅行に出かける機会が多い。特に雑誌の紀行などを連載すると、月に一度はどこかに出かけることになる。

これまで四十七都道府県のほとんどに足を運んだが、二つだけ未踏の地があった。秋田県と徳島県である。別に避けているわけではないが、たまたまそういう成り行きになってしまった。

これではなるまいと、この春秋田県に行ってみることにした。岩手県盛岡市を訪ねる用事があったので、秋田新幹線に乗って角館《かくのだて》に行き、在来線に乗り換えて大仙市《だいせんし》強首《こわくび》、秋田市、男鹿《おが》半島を訪ねた。

二泊三日の急ぎ旅だが、犬も歩けば棒に当たるものである。角館では雪の残る古城山《ふるしろやま》に登り、ここが天正年間に活躍した戸沢盛安の居城だったことを知った。

強首温泉では樅峰苑《しょうほうえん》という歴史ある旅館に泊まったが、ご当主の小山田氏は武田信玄の重臣だった小山田信茂にゆかりがあるという。また宇都宮吊り天井事件に関与したとして失脚した本多正純は、この強首に配流されたのである。

秋田市では久保田城（秋田城）を訪ねた。関ヶ原の戦いで石田三成と好《よしみ》を通じていた佐竹義宣《よしのぶ》は、常陸《ひたち》水戸五十四万石から秋田二十万石に転封された。

久保田城は義宣が居城として築いたものだが、石垣はまったく使っていない。堀と土塁をめぐらしただけの簡素な造りは、転封を命じられて間もない佐竹氏の経済的窮状をうかがわせる。

男鹿半島では寒風山《かんぷうざん》から広大な八郎潟の干拓地をながめ、なまはげ館では鬼面をつけた百五十体ものなまはげたちと対面した。

帰りに秋田の県立図書館に立ち寄った。久保田城の資料館で十字架《クルス》を描いたと思われる旗指物を見て、佐竹氏とキリシタンの関係がどうなっているか気になったからだ。

資料はすぐに見つかった。武藤鉄城著『秋田切支丹研究』（翠楊社）である。同書には秋田城下で寛永元年（一六二四）におこなった大弾圧について詳しく記されている。

最初は六月三日に男二十一人、女十一人が火あぶりの刑にされ、その八日後に五十名が斬首に処された。同じく六月二十日には仙北寺沢の信徒十五名が、七月三日には仙北善知鳥《うとう》の十三名、八月六日平鹿郡《ひらかぐん》の四名が首を斬られた。

犠牲者は百十四名。その中には秋田藩の家臣や鉱山で働く労働者も多かった。

他藩では例をみないほどの多くの信徒が、しかも三代将軍家光の治政が安定したこの時代に、なぜかくも凄惨な犠牲を強《し》いられたのか。武藤氏の本を参考にしながら、そのいきさつを見ていきたい。

大弾圧と火あぶりの刑

初めて秋田に来た著名なキリシタンは大友宗麟の嫡男だった義統《よしむね》である。関ヶ原の戦いで西軍についた義統は、常陸の佐竹氏に預けられていたが、佐竹義宣が慶長七年（一六〇二）に秋田に国替えになった時に、一緒にこの地に来たのだった。慶長十九年（一六一四）にはイエズス会のジェロニモ・アンゼリスが秋田の仙北地方を訪ね、自ら洗礼を授けた人見ペトロと再会している。そのペトロは、この地ですでに六百人に洗礼を授けていたという。

その五年後の元和五年（一六一九）には、ポルトガル生まれのデイゴ・デ・カルバリヨが秋田に入った。彼は鉱業の知識があったらしく、鉱山で労働者たちの指導をしながら布教にあたったという。

西洋の技術を身につけた彼の指導は、秋田領内の鉱山開発に大いに役立ったはずで、現場で働く鉱夫ばかりでなく、管理にあたる武士たちにも大きな感化を与えたことだろう。寛永元年に処刑された武士や鉱夫の多くは、カルバリヨから洗礼を受けたものと思われる。

彼はまた佐竹家の家中にも強い影響力を及ぼしていた。その代表が佐竹義宣の側室西の丸殿である。彼女は以前からキリスト教に深い関心を持っていたが、カルバリヨが来ていると知ると、十二人の侍女を遣わして洗礼を受けさせた。

佐竹家の法要に出たときも、仏像に向かって頭を下げようとしなかった。激怒した義宣は目通りも許さなくなったが、西の丸殿は離婚する良い口実ができたと喜び、いっそう熱心にキリスト教に関わるようになったという。

元和七年（一六二一）にはローマ法王パウロ五世の日本信徒にあてた慰問状に応えるために、奥羽の信徒たちも奉答の文書を送った。署名した信徒は十七人で、五番目にジカン河井喜右衛門の名が記されている。

この喜右衛門は佐竹家の侍大将だったらしく、大坂冬の陣にも軍勢を率いて従軍している。久保田城の資料館で見た十字架を描いたと思われる旗指物は、喜右衛門の主従が用いたものではないだろうか。

藩内でも要職にあり、かなりの禄を得ていたと思われるが、キリシタンだったことが禍いする。寛永元年の大弾圧の時、長男のピエル清蔵、次男のトオヤ喜太郎とともに火あぶりの刑に処された。

石田三成への内通の疑い

秋田藩のキリシタン弾圧は、元和十年（この年二月、寛永と改元）一月十八日から始まった。この日、藩主佐竹義宣は梅津半右衛門を奉行に任じ、取締りを強化するように命じた。

三月二日には、領内の金銀鉱山にキリシタンが多数いるようだが、その者たちの氏名を調べ上げ、追って指示するまで泳がせておくようにと命じている。

三月十日には、鉱山にいるキリシタンは他国人でも勝手に成敗して構わないが、よく調査をした上で久保田（秋田市）に連行するように指示している。

鉱山が取締りの標的とされたのは、前項で記したように宣教師カルバリヨが秋田にやってきた時に鉱山で布教したので、信者となる者が多かったからだ。

また、鉱山労働者は山から山へ渡り歩くことが多く、身許《みもと》を詮索されることが少なかったので、キリシタン弾圧を逃れた者たちが、働き口を求めて諸国から集まっていたのである。

これまでそれを承知で領内の鉱山でキリシタンを働かせていた秋田藩が、にわかに取締りを強化したのは、由利領大沢（強首村）に配流されていた本多上野介正純・正勝父子が、この年五月に領内の横手に移されることになったからだった。

正純は徳川家康の近習《きんじゅ》であった頃から、宣教師たちの接待役をつとめ、キリスト教の教えに好意と共感を持っていた。キリシタン弾圧のきっかけとなる事件を起こした岡本大八は正純の家臣だし、正純が失脚させられたのはキリシタンだったからだという説もある。

正純が元和八年（一六二二）九月に大沢に配流された時から、佐竹義宣は彼の影響が領内へ及ぶことを恐れ、大沢との往来を厳重に取締るように命じた。

なぜなら義宣の側室はキリシタンだったし、侍女や家臣や鉱山労働者の中に信者が多数いることも承知していた。そんな時、正純が大沢から自領の横手に移されると聞き、義宣は恐慌をきたしたにちがいない。

（これは幕府が自分を試しているのだ。もし少しでも正純に温情を示し、キリシタン取締りの手をゆるめたなら、それを理由に佐竹家を取り潰すつもりだろう）

外様大名である上に、石田三成への内通を疑われて常陸から秋田へ転封させられているだけに、その懸念は深刻だった。

それに世は三代将軍家光の時代になり、幕府は諸大名に対する統制を著しく強化していた。そこで義宣はキリシタンを徹底して弾圧し、幕府に逆らう意志がないことを示そうとしたのである。

天空から一条の光

三月二十日、義宣が奉行の半右衛門に信者の数を報告するように命じ、その直後に一斉摘発に乗り出した。レオン・パジェス著『日本切支丹宗門史』によれば、囚われたのは四十余人、そのうち二十二人は貴族（重臣とその家族）だったという。

彼らは久保田城下の牢獄に押し込められ、食事も満足に与えられない劣悪な状況で改宗を迫られたが、応じる者はなかった。

ある夫人は二人の子供とともに牢獄につながれていたが、ある日獄卒から改宗しなければ二人の子を殺すと迫られた。ところが彼女は「どうぞ殺しなさい。そしてその屍《しかばね》の上に私の死体も重ねなさい。そうすれば我らは真の命を与えられるのです」と言ったという。

五月二日、本多正純・正勝父子が大沢から横手へ移された。それを監視するために、幕府の目付が領内に入ってきた。彼らが秋田藩内の監視の任も帯びていたことは言うまでもない。

六月三日（新暦七月十六日）、秋田における最初のキリシタン処刑が行なわれた。半右衛門の弟政景は、その様子を日記に次のように記している。

・御城御銕《（鉄）》砲にて罷出候。
・きりしたん衆三十二人火あぶり、内二十一人男、十一人女。
・天気よし

鉄砲にて城を出たのは、キリシタンを処刑場まで連行するためである。

信者たち三十二人は身分の高い者たちだったので、皆がことさら美しい衣装に身を包んでいた。そして主謀者と見なされた河井喜右衛門（洗礼名ジカン）の幼子喜太郎（トオヤ）を先頭に、城下から三里も離れた処刑場まで連れて行かれた。

刑場にはすでに磔柱《たくちゅう》が用意され、彼らを縛りつけた後に地上に立てられた。そして晴天の夏の日射しの中で、火あぶりの刑が執行されたのである。

彼らはそのまま三昼夜さらしものにされたが、夜になると天空から一条の光がさし、頭上にふりそそいだ。これを見た信者たちは、神への信仰をいっそう強いものにしたという。

六月十一日、獄中にいた二十五人と院内銀山で捕らえられた二十五人が、斬首された。

六月二十日、雄勝郡寺沢で十五人が斬首。

七月三日、仙北郡善知鳥の信者十三人が、横手まで連行されて斬首された。

これは本多正純を監視している目付たちに、忠誠の度合いを見せつけるためだったと思われる。

本稿に取り組むようになって、戦国時代にキリスト教がどれほど広く、深く浸透し、それを潰すために幕府がいかに徹底的な弾圧を強行したかを再認識した。

そして今回もふと立ち寄った久保田城の資料館で十字架をデザインした旗を目にしたことが、こうした歴史を知るきっかけになったのだった。

徳川幕府とキリスト教

千姫はキリシタンだったのか

先日、津軽半島に取材に行った。弘前《ひろさき》ねぷたを見学し、翌日には青森ねぶたに跳人《はねと》として参加し、十三湊《とさみなと》の遺跡や三内丸山《さんない》遺跡を見学する、大変充実した三泊四日の旅だった。

中でも興味をひかれたのが、弘前市の耕春山宗徳寺《そうとくじ》にある石田三成の孫の墓だった。津軽藩初代藩主津軽為信《ためのぶ》は石田三成と親しかったためか、関ヶ原の戦いで三成が敗死した後、息子の重成《しげなり》と娘の辰子を津軽に引き取ってかくまった。

重成は杉山重成と姓を変えて津軽家の重臣となり、息子の吉成《よしなり》が家をついだ。宗徳寺にあるのは吉成の墓だが、その墓石には「杉山氏八兵衛豊臣姓吉成」と刻まれている。

つまり三成は秀吉から豊臣姓を名乗ることを許され、子孫の杉山家では代々そのことを墓石に刻みつづけた。歴史の資料からは抹殺された事実が、この墓石によって後世に伝えられている。

一方、娘の辰子は、驚くべきことに二代藩主津軽信牧《のぶひら》の正室になっている。これも津軽為信と三成の関係の深さをうかがわせる事実だが、さすがに徳川幕府の世が定まってからは、このことは問題視されるようになった。

そこで信牧は徳川家康の養女満天《まて》姫を正室に迎え、辰子を側室に格下げして、津軽家の飛地である群馬県太田市尾島《おじま》町大舘《おおたち》に移した。そこで「大舘御前」と呼ばれるようになるが、徳川の世にあってはいつ殺されるか分からない危《あや》うい身の上だった。

彼女の後ろ盾となったのが、豊臣秀頼の妻だった千姫《せんひめ》である。千姫は尾島町のすぐ近くにある満徳寺《まんとくじ》を訪れた時、辰子の不幸な境遇を知った。

そこで満徳寺の駆込寺《かけこみでら》としての権威を高めることによって、万一の時には辰子が避難することができるように計らったという。

石仏や灯籠に刻まれた印

駆込寺といえば鎌倉の東慶寺《とうけいじ》が有名だが、こちらも千姫にゆかりがある。

大坂夏の陣の時に大坂城から助け出された千姫は、祖父の家康に懇願して秀頼の娘千代姫の命を助けた。

そして秀吉の側室だった足利島子の姉が、東慶寺の第十九世住職だった縁を頼り、千代姫を尼僧天秀尼《てんしゅうに》として入山させた。その後、徳川の世で不遇をかこつ豊臣ゆかりの女たちを救うために、駆込寺の制度を強化していったのである。

少し前に公開された映画『駆込み女と駆出し男』で、東慶寺の内殿にキリスト教の信仰を伝える品々が秘蔵されているシーンがあって驚いた。もしこれが事実なら、駆込寺の制度はキリシタンの女性たちを守るために始まったと解釈できるからである。

この映画の原案は井上ひさしの『東慶寺花だより』（文春文庫）だというので、いつか原作を読まなければと思っていたが、それより先にこの問題について明快に記した一冊に出会った。

川島恂二《じゅんじ》著『関東平野の隠れキリシタン』（さきたま出版会）である。

この本の中で川島氏は、東慶寺に保存されているイエズス会の標章が入った聖餅箱《せいへいばこ》（聖餐式《せいさんしき》に用いるパンをおさめる箱）は、千姫から千代姫に渡されたものだと記しておられる。

常総市の弘経寺《ぐぎょうじ》には、千姫と千代姫の別れの場面を描いた絵が寺宝として保存されている。ここに描かれた別れの席で、千姫が東慶寺に入る千代姫に聖餅箱を託し、信仰を守りつづけるように諭したのかもしれない。

さらに決定的な証拠があると、川島氏は東京小石川傳通院にある千姫の墓の写真を掲載しておられる（前掲書四七六ページ）。

五輪塔の台座には「天樹院殿、栄誉源法松山、大禅定尼」と三行に分けて刻まれているが、大禅定尼の四文字にキリシタンの証である十《クルス》を刻み込んでいる。中でも禅の字には偏とつくりの間に小さく十の字を入れてある。

川島氏は平成六年四月にこの墓石を拝んだ時、千姫がキリシタンであったことを確信されたという。氏は長年の間、隠れキリシタンの研究にたずさわり、石仏や墓石の隠符《いんぷ》からその実態を解明してこられたので、これが隠符であることがすぐに分かったのである。

江戸時代にはキリシタンに対する弾圧が熾烈《しれつ》をきわめた。それでも信仰を守りつづけた人々が大勢いて、石仏や灯籠などにひそかにキリスト教を示す隠符を刻み、信仰の対象にしてきた。墓石にも隠符を刻み、キリシタンであったことを後世に伝えようとしたのである。

以前、姫路市で黒田如水のキリシタン信仰について講演をした時、加西《かさい》市の方から「市内の北条にはキリシタンの墓がたくさんあり、宣教師を表したと思われる五百羅漢も残されています」と教えていただいた。

なぜ加西にそんな物が残されたのだろう。如水ゆかりのキリシタンたちが住んでいたのだろうかと疑問に思ったものだ。

しかし川島氏の著書に、加西は千姫が化粧料としてたまわった土地だと記されていて、その疑問が氷解した。千姫が姫路城主本多忠刻《ただとき》に嫁ぐと、多くのキリシタンたちが千姫を頼って加西に移住したのである。

だが千姫がキリシタンだったとすると、大坂の陣の解釈は一変する。

イエズス会にだまされた秀吉

千姫が嫁いだ豊臣家は、もともとキリスト教に好意的な家風だった。

それを象徴しているのが、天正十四年（一五八六）五月四日に大坂城を訪ねたイエズス会のガスパル・コエリョに対して、秀吉が教会保護状を与えていることだ。

これは宣教師に対して居住の自由と身分の保護、公的義務の免除を認めたもので、彼らの要望をすべて満たしたものだった。

しかも秀吉はこの席で明国《みん》に出兵することを明言し、「シナを征服した暁には、その地のいたるところにキリシタンの教会を建てさせ、シナ人はことごとくキリシタンになるように命ずるであろう」（『完訳フロイス日本史4』中公文庫）と語っている。

その見返りに秀吉が求めたのは、充分に艤装した二隻の大型船《ナウ》を斡旋してもらうことだった。

このことからも秀吉の朝鮮出兵は、イエズス会との綿密な協力によって行なわれたことがうかがえるが、興味深いのはこの保護状の発行に秀吉夫人のおねが尽力していることだ。

おねは「この件に大いに関心を持ち、用務を引き受けるために乗り気となり、関白の機嫌がよい時には機を逃すことなく、再度と言わず関白にその話を持ちかけ」、ついに保護状を出させることに成功したとルイス・フロイスは記している。

しかも秀吉は、おねの秘書の老婦人マグダレナの夫と高山右近、小西立佐（行長の父）には、大坂城内の秘密の場所のどこにでも立ち入りを許したというから、大坂城の大奥はキリシタンが牛耳《ぎゆうじ》っていたといえるだろう。

ところが天正十五年に九州征伐を終えた秀吉は、筑前箱崎において突然バテレン追放令を発する。その最大の原因は、イエズス会が二隻の大型船を斡旋する約束を守らなかったことにある。

だまされたと知った秀吉は激怒し、宣教師らが日本征服を企てているという理由で国外に追放することにしたが、キリスト教の布教そのものを禁じたわけではなかった。

そんなことをすれば南蛮貿易が閉ざされ、硝石や鉛などの軍事物資、生糸や陶磁器などの貿易品が入手できなくなり、政権の基盤が根底からゆらぐからである。

やがてバテレン追放令さえうやむやになっていく。その契機となったのは、秀吉が天正十九年（一五九一）一月にイエズス会の東インド巡察師であるアレッシャンドロ・ヴアリニャーノに対面したことだ。

ヴァリニャーノは天正遣欧使節と呼ばれる四人の少年（伊東マンショなど）をともない、インド副王の使者という名目で上洛したが、秀吉が先のバテレン追放令を自ら破ったことに変わりはない。

しかもインド副王の書翰《しょかん》には「殿下が今後ますます、巡察師ならびに貴国に滞在する他の司祭たちに慈愛を垂れ給うよう殿下に御願い申し上げる」と記されている。それを承知でヴァリニャーノに会ったのだから、この時点でバテレン追放令は撤回されたと見るべきだろう。

また、先に記したコエリョは秀吉と対面した時、「朝鮮出兵の際には、インド副王と交渉して援軍を送らせる」とも約束していた。これを知っていたヴァリニャーノは、援軍を送らせる交渉を引き受けるかわりに、バテレン追放令を撤回するように求めたのだろう。そして秀吉もこの求めに応じたものと思われる。

キリシタンに好意的な秀頼

また宣教師たちは、東南アジアの貿易商人たちとも強いつながりを持っていたので、交易都市大坂を維持するためにも、キリシタンの保護が必要だった。

それは秀吉が死に、関ヶ原の戦いの後に豊臣家が勢力を失っても、同じようにつづけられた。いや、豊臣家が弱体化して窮地におちいるほど、貿易や外交に精通しているキリシタンたちを頼るようになり、依存度を高めていったものと思われる。

大坂城下の詳細な研究をなされた櫻井成廣氏は、『豊臣秀吉の居城　大阪城編』（日本城郭資料館出版会）の中で、次のように記しておられる。

「有名な切支丹宗禁止令は翌天正十五年六月二十日（陽暦一五八七年七月二十五日）発せられたが、秀吉は吉利支丹《キリシタン》宗が他の宗教の迷惑になり、日本征服の手段に利用される事を洞察したからであって其の教理自体は最後まで尊重して居り、死に近い頃外人宣教師の病床見舞も受け入れた程であった。嗣子《しし》秀頼も淀殿もキリシタンには好意的で、大阪市中には再び教会堂（八軒屋、久法寺橋《きゅうほうじばし》、安堂寺橋《あんどうじばし》附近という）が出来、籠城に際しては吉利支丹の大名や侍のみならず外人宣教師も参加し、六流《ろくながれ》の十字架の旗を立て、赤十字のような奉仕をしたのであった」

残念ながら櫻井氏がどの資料にもとづいてこう述べておられるのか分からないが、イエズス会の活動は大坂の陣まで活発につづき、政治、経済、軍事の面で豊臣家を支えた。

こうした雰囲気の中で、千姫もキリスト教の感化を受けて入信したのだろう。

大坂の陣が起こる直前に、どこからともなく十万人以上の軍勢が集まったのは、信徒七十万と称したキリシタンのネットワークに支えられていたからにちがいない。

しかもキリシタン大名の中には、豊臣家に味方しようとする者が大勢いた。その代表が松平忠輝《ただてる》と伊達政宗なのである。

もし七十万人の信者が蜂起したら

先日、小石川傳通院の千姫の墓に詣でた。

社務所の方《かた》に御香華料《ごこうげりょう》を渡し、大きな五輪塔の前に立つと、それまで降っていた雨がぴたりとやんで、雲の切れ間から太陽が後光のように降りそそいだ。

（ああ、歓迎してもらっている）

そう感じながら手を合わせ、墓碑銘を確かめた。

間違いない。「天樹院殿、栄誉源法松山、大禅定尼」と記された法名の大禅定尼の四文字には、はっきりと十字を刻んであった。川島恂二氏の御説通りこれがキリシタンの隠符なら、千姫が信者であった動かぬ証拠である。

もし千姫がキリシタンだとしたら、大坂の陣の解釈は一変すると書いた。その意味は以下の通りである。

当時は妻が勝手に宗旨を変えることはできなかったから、千姫の入信は夫の秀頼や姑の淀殿の理解と承諾を得て行なわれたはずである。豊臣家がそうだとすれば、大坂城下にもキリシタンに対して好意的な空気があり、宣教師たちが自由に往来していたと思われる。

ところが慶長十三年（一六〇八）から、幕府がキリシタン弾圧を開始したために、迫害されたり、反対する者は、大坂城下に逃れて信仰と自由を守ろうとした。

つまりキリシタン問題が大坂の陣が起こった最大の理由であり、幕府があれほど容赦ない手を使ったのは、三十万とも七十万とも言われた信者の蜂起を恐れてのことだと考えられるのである。

この頃、キリシタンに同調していた有力者はほかにもいる。加賀前田家で重臣となっていた高山右近、家康の六男松平忠輝、仙台藩主伊達政宗などである。

高山右近は日本のゴッドファーザー的なキリシタンで、おそらく彼が大坂城に入って号令を下したなら、日本中の信者が反幕府の反乱を起こしただろう。

だがそうなった場合に日本がどれほど大きな混乱におちいるかを憂慮し、右近は大坂の陣の直前に幕府の国外追放令に従ってフィリピンのマニラに移った。

松平忠輝は浅草の下屋敷にいた頃、施療院の院長だったスペイン人ブリギヨスから、スペイン語と医学を教わり、ほぼ完璧にマスターしたという。当然キリスト教には好意的で、洗礼を受けていた可能性さえある。忠輝の妻は伊達政宗の長女五郎八《いろは》姫《ひめ》で、洗礼を受けた信者なのだから、そう考える余地は充分にある。

忠輝、長安、政宗を結ぶ線

しかも忠輝と政宗を結びつける線はもうひとつある。政宗に勧めて支倉常長《はせくらつねなが》をヨーロッパに派遣させたルイス・ソテロ神父は、浅草の修道院にいた頃忠輝と親しかったのである。

忠輝は千姫の叔父にあたるが、歳は五つしか離れていないので、きわめて仲が良かった。二人が江戸城にいた頃、忠輝が千姫を城の大屋根の上に連れ出して周囲をあわてさせたという逸話も残っている。

慶長十年（一六〇五）に秀忠が将軍になった時、豊臣家にそのことを告げる使者に十四歳の忠輝が任じられた。これは千姫と仲が良いことを家康も知っていたからで、この時忠輝は秀頼とも意気投合している。

大坂冬の陣の時には、忠輝は大坂方に身方する危険があると見られ、福島正則ら秀吉子飼いの大名と同様に、江戸城留守役を命じられている。

夏の陣の時にはわざと遅参した上に、無礼を働いたという理由で秀忠の家臣二人を斬り捨てた。この行動が問題視され、翌年七月には改易されて伊勢に流罪になっている。

忠輝の付家老《つけがろう》として辣腕《らつわん》をふるったのが大久保長安《ながやす》である。長安も浅草の宣教師たちから採鉱学を学び、水銀アマルガム法（鉱石の中の銀を、水銀との合金にして取り出す技術）を身につけ、幕府の銀山奉行に任じられて莫大な金銀を掌中にした。

彼はこの財力によって全国のキリシタンを糾合し、秀忠を倒して忠輝を将軍にする計画を進めていたが、慶長十八年四月に駿府屋敷で急死した。

その後財産を没収された上に、謀叛や収賄《しゅうわい》の罪が明らかになったとして、埋葬していた遺体を掘り起こして磔に処する、仮借のない措置が取られた。

長安の側近たちも捕えられ、七人の子供たちはすべて処刑されたのだから、計画を知った幕府が先手を打って大久保一派を潰したとしか考えられない。

この年の九月、伊達政宗は支倉常長をヨーロッパに向かって出航させた。表向きは通商のためとされているが、真の目的はスペインと同盟を結び、軍事的な支援を得て秀忠を倒し、娘婿の忠輝を将軍にすることにあった。

そのことは政宗がスペイン国王に送った九ケ条の「申合《もうしあわせ》条々（案）」に明確に記されている。

忠輝、長安、政宗を結ぶキリシタンの糸。その計略をめぐって彼らと幕府の間で暗闘がくり返されていたことは知られているが、大坂の陣とどうつながるかは謎だった。

だが千姫がキリシタンだったとすれば、この計略に豊臣家が深く関わっていたことが立証できるだろう。

歴史を歩く長い道。その下には今も多くの謎が埋まっている。

おわりに
「リスボンへの旅」

二年前、ポルトガル取材に出かけた。

大分合同新聞に大友宗麟を主人公にした『宗麟の海』（NHK出版）を連載させていただくにあたって、どうしてもリスボンを訪ねたいと思った。

というのは宗麟は日本で初めて（と言っても過言ではないくらい早い時期に）積極的に南蛮貿易を行ない、ポルトガル商人やイエズス会の宣教師たちを手厚く保護した。

豊後府内（大分市）に教会を建てることやキリスト教の布教を許したばかりか、晩年には自ら入信してドン・フランシスコと名乗った。今の宮崎県延岡市にムジカという宗教都市を作り、日本のバチカンにしようと計画していたほどだ。ムジカとは音楽のことで、信心深い宗麟は讃美歌をイメージしていたのだろう。

宗麟は宣教師であり医師でもあったルイス・デ・アルメイダと親交を結び、アルメイダが乳幼児を救うために設立した乳児院や、病人や妊産婦などの治療のために開設した病院への支援を惜しまなかった。

この病院は日本で初めての西洋医学による総合病院で、現在でも大分市内には彼の名前を冠したアルメイダ病院があるほど、日本の医学の進歩に寄与した。また宗麟は、宣教師ルイス・フロイスとも身近に接し、彼が残した『日本史』には宗麟の姿が生き生きと描かれている。

私は『宗麟の海』の中で宗麟がアルメイダやフロイスとどのように接し、西洋文明やキリスト教をどうやって理解していったのかを克明に描きたかった。そこで二人が生まれ育ったリスボンの町、そして日本に向けて出港したリスボンの港をどうしても見たかったのである。

出発は二〇一六年六月三日、アルメイダが東洋に向けてリスボンを出港してから四百六十八年後のことである。当時彼らが一年半近くかけて航海してきた距離を、現代の利器である飛行機は十四、五時間で飛び越える。

ドイツのフランクフルトで乗り換え、ポルトガル北部の町ポルトに着いた。ポートワインの名産地なので、サンデマンの工場を訪ねて、何種類かのワインを試飲させてもらった。

コインブラでは一二九〇年に設立されたコインブラ大学を見学し、シントラではユーラシア大陸の最西端であるロカ岬を訪ねた。

「ここに地終わり海始まる」

叙事詩にそう謳《うた》われ、ポルトガルが海に面した海洋国家であることを象徴する場所のひとつになっている。ポルトガル、そしてスペインが国の前の海に乗り出していったことから、世界の大航海時代は始まったのである。

ロカ岬から海ぞいの道を四十キロほど走った所に、目的地リスボンがあった。ロンドン、パリ、ローマなどに比べるとこぢんまりとしていて田舎臭い（失礼）感じがするが、古き良き中世の雰囲気を残している。

道路網などがそれほど整備されていないので、中世の人々はこんな空間で生活していたことがよく分かるのである。

まず市の南東にあるアルファマ地区を訪ねた。千五百年前のローマ時代に建てられたサン・ジョルジェ城が高台にあり、その南側のテージョ川のほとりにアルメイダが生まれた一画がある。

アルメイダの父は穀物商をしていたので、川ぞいの船着き場に近い場所に店を構えていたのだろう。アルメイダ家はユダヤ人の血を引く一族（これをマラーノという）で、代々商業を営んだり、医師や会計士として王室に仕えてきた。

ルイス・デ・アルメイダも医師になり、近くのトードス・オス・サントス王立病院に外科医として勤務していた。ところがポルトガル王室がカトリックの信仰を強めるにつれて、マラーノたちがひそかにユダヤ教を信仰しているのではないかという疑いを持つようになり、異端審問《しんもん》裁判を行なって弾圧するようになった。

このことに嫌気がさしたアルメイダは、インドのゴアにある王立病院に勤めることを希望し、一五四八年三月にリスボンを出港した。そしてやがて日本にやってきて、一五八三年に熊本の天草で他界する。

一方、フロイスはコメルシオ広場にあった宮廷に書記として仕えていたが、王室の方針に従ってイエズス会に入会し、アルメイダと同じ船（だと思われる）でインドのゴアへ向かった。

そして日本国での布教に従事することになり、一五九七年に長崎で没した。

リスボン中心地からテージョ川ぞいに五キロほど下るとベレンの塔がある。リスボンに出入りする船を監視するための水上要塞で、十六世紀の初めに建てられた三階建ての塔である。

アルメイダもフロイスもリスボンを出る時にこの塔をながめ、祖国への別れを告げたことだろう。そう思いながら塔に立つと、ガレオン船に乗って出港していく二人の姿が見える気がした。

アルメイダは数え年二十四、フロイスは十七歳である。以来二人は一度も故郷に帰らず、アルメイダは五十九、フロイスは六十六で日本に骨を埋めたのである。

これまで私はフロイスの『日本史』を読むたびに、独善的とも思える彼の信仰心や、日本の神道や仏教に対する手厳しい批判に、少なからず反発を覚えていた。キリスト教の正しさをアピールするために、事実をねじ曲げて書いたのではないかという疑いさえ持っていた。

ところがリスボンに滞在し、フロイスの事蹟を訪ね歩いているうちに、そうではないことが納得できるようになった。フロイスは純粋にあのような信仰と思想を持っていて、ただ見たまま感じたままを正直に記録したにちがいない。

そう気付いた日の夜、私は日本から持参した『完訳フロイス日本史6　ザビエルの来日と初期の布教活動　大友宗麟篇Ⅰ』（中公文庫）を読破した。

なぜか涙が止まらなかった。

主な参考文献

『信長権力と朝廷』（立花京子著　岩田書院）
『本能寺の変の群像』（藤田達生著　雄山閣出版）
『完訳フロイス日本史4　秀吉の天下統一と高山右近の追放―豊臣秀吉篇Ⅰ』
『完訳フロイス日本史6　ザビエルの来日と初期の布教活動―大友宗麟篇Ⅰ』
『完訳フロイス日本史11　黒田官兵衛の改宗と少年使節の帰国―大村純忠・有馬晴信篇Ⅲ』
（ともにルイス・フロイス著、松田毅一、川崎桃太訳　中公文庫）
『火縄銃の伝来と技術』（佐々木稔編　吉川弘文館）
『日本史の研究』（三浦周行著　岩波書店）
『信長公記』（太田牛一著　桑田忠親校注、新人物往来社）
『キリシタン時代の研究』（高瀬弘一郎著　岩波書店）
『古郷物語　黒田家（国史叢書）』（黒川真道編　国史研究会）
『加藤清正の生涯　古文書が語る実像』（熊本日日新聞社）
『秋月のキリシタン』（フーベルト・チースリク著　教文館）
『ドン・ジョアン有馬晴信』（宮本次人著　海鳥社）
『秋田切支丹研究』（武藤鉄城著　翠楊社）
『日本切支丹宗門史』（レオン・パジェス著　岩波文庫）

『東慶寺花だより』（井上ひさし著　文春文庫）
『関東平野の隠れキリシタン』（川島恂二著　さきたま出版会）
『豊臣秀吉の居城　大阪城編』（櫻井成廣著　日本城郭資料館出版会）

本書は雑誌『歴史街道』（PHP研究所）の連載「謎に迫る」（1999年9月号〜2001年2月号掲載）及び『なごみ』（淡交社）の連載「歩く日本史」（2014年1月号〜2015年12月号）及び「たかが還暦、されど還暦」（西日本新聞社）の内容をもとに、大幅に加筆修正したものです。